JN327954

福島大学ブックレット『21世紀の市民講座』No. 4

格差・貧困社会における市民の権利擁護

金子　勝

（慶応義塾大学経済学部教授）

公人の友社

目　次

はじめに

サブプライムローン問題に端を発したアメリカの金融危機が瞬く間に世界に波及し、まさに「百年に一度」の世界的不況がいっそう深刻化している。他方で、所得格差拡大とセーフティネットの崩壊から、貧困化がいっそう亢進している。こうした状況を前に、ここ二〇年以上継続してきた「新自由主義的構造改革」は「失敗」ではなかったのか、間違っていたのではないかという思いが、ようやく一般に語られるようになった。しかもこれは、つい最近のことなのである。

本書は、「新自由主義的構造改革」の失敗を当初より鋭く指摘し、その結末をきわめて明快かつ活発に説き続けてきた金子勝教授が、今時の世界的不況勃発の少し前におこなった講演の記録である。金子教授によるこの講演は、二〇〇八年三月八日に、文科省の「社会人の学び直しニーズ対応教育推進事業」に採択された、福島大学行政政策学類の「高齢社会における弱者の権利と生活を護る担い手育成プログラム」（以下、「支援者養成プログラム」と称する）の一環としてなされたものであり、あわせて、ちょうどその年に創設二〇周年を迎えた本学類の記念事業としての意味も与えられたものであった（なお、本書は、その後の情勢の変化を受けて、講演記録に金子教授が加筆補正されたものである）。

少子高齢化問題が深刻化するなかで、認知症や知的ないし精神的な障がいのため判断能力が十分でない人々への包括的な権利擁護システムの確立が社会的に要請されている。また、新自由主義的政策に基づく構造改革の結果として経済的・社会的な格差も著しく拡大し、生活に困窮し住居すら失う人も増え、そうした人々に対するより有効な支援システムの必要性も増大している。

加えて、構造改革は、福祉サービスの供給方式を「契約型福祉」に変え、その下で予想される判断能力が不十分な人の権利擁護のための装置として、地域福祉権利擁護事業（現行の日常生活自立支援事業）と現行成年後見制度を生み出した。また、介護保険法を改正するに際して、新たに地域包括支援センターを制度化し、権利擁護業務を位置づけた。さらに、障がい者福祉の分野では、障がい者自立支援センターが相談支援業務に当たるものとして位置づけられている。

こうした客観的状況の下で、本学類（ないし大学院地域政策科学研究科）では二〇〇七年二月二五日に「成年後見制度をめぐる現状と課題～人材養成をどうする～」というテーマでシンポジウムを主催し、上記のような社会的弱者の権利擁護システムやそれを支える人材養成への社会的ニーズが相当程度高まっていることを確認した。次いで、同年四月からは、権利擁護に資する人材を養成するプログラムの一形態として、公開講座「福祉と権利擁護　～後見人として必要な知識～」を開設し、本学の公開講座としてはかなり多くの受講生を集めることができた。こうした経過のなかで、高齢者や障害者の権利擁護システムやその支援者養成への社会的ニーズが、この地域においてもかなり高まっているということを確信するに至ったのである。

こうして本学類は、二〇〇七年度後期から二〇〇九年度末までの間、前述の「支援者養成プログラム」を文科省の委託事業として展開することになった。「支援者養成プログラム」は、「サポートプログラム」と「マネジメントプログラム」の二つから成っている。前者は、おもに一般市民を対象に、相談支援業務に就くにあたって必要な、法制度および福祉の基礎的な知識と実践的・専門的な技術の習得をめざすものである。後者は、おもに専門職従事者等を対象としており、外部講師も交えたより実践的・専門的な講義と、実務経験者による具体的な事例研究やそれに基づくワークショップ、権利擁護の現場での実習、先進地域への実地調査等により、異業種が連携・融合することでより高度な支援活動や職域への途を開くことをめざすものである。そして、両プログラムとも、前後二回ずつ、県内四都市での（同時開講を含む）開講を計画したものであった。

前述したように、金子勝教授による講演会は、このような経緯のなかで、「支援者養成プログラム」の「サポートプログラムⅠ」がほぼ終了した段階で開催されたものだったのである。

金子教授は、フロアからの質問にも丁寧に回答する時間も含めて、予定の時間を大幅に延長し、きわめて明快かつ迫力満点の講演を展開された。教授は、小泉改革の実態を、成長の回復というその目的も達成できず、セーフティネットを崩壊させただけだったと断じたが、昨今の金融崩壊に端を発した恐慌をみるまでもなく、実体経済の縮減により教授の講演が実証されたといえよう。

また、教授は、新自由主義的構造改革の問題点を多角的に分析した。そのなかで、年金問題の構造的問題性が指摘され、新自由主義的な観点から強調される「自己決定」ときわめて日本的な「恥」「世間体」意識の結合により、ワーキング・プアや生活保護受給者などの弱者の「声なき声」が埋没させられてしまう構造が解明された。

とりわけ、医療費削減政策や介護保険制度の改定の問題性について詳細な議論が展開された。医療崩壊の現状が、実例に則して紹介され、医療費抑制政策・医師抑制政策のもとで医療が置かれた深刻な状況が明瞭に示された。また、介護保険改定により、要介護者が要支援として切り下げられ、本来必要な介護を受けられない事態が生じているなど、実体面での問題性に加えて、保険制度としての論理的破綻を内包しているという構造的問題性の指摘もあった。

そして、こうした種々の問題性を指摘しつつ、金子教授は、新自由主義的な構造改革が政策として破綻していることが明瞭なのだから、根本的に政策転換をすべきであるし、そうした声を大きくしていく必要があることを強調してこの講演を閉じられた。

恐慌が深刻化しつつある現時点から思えば、金子教授によるこの講演は、結果としてまことに時宜を得たものであったということができるであろう。

小泉改革を生み出した原動力は、国民の間に急速に感染したあの熱病ともいえるような小泉旋風であり、その結果としての、わたしたち国民自身の投票行動であった。痛みを分かち合うはずの「構造改革」が、本来セーフティネットによりカバーされるべき社会的弱者に、一方的にその痛みを押しつける結果を生み出している。金子教授の講演は、わたしたちの政治的決断、その現実化としての投票行動の大切さという観点でも、するどく警鐘を鳴らすものとして、いつまでも記憶にとどめておかなくてはならないだろう。

福島大学行政政策学類教授
新村　繁文

格差・貧困社会における
市民の権利擁護

金子　勝
（慶応義塾大学経済学部教授）

1 「構造改革」とは何だったのか?

今日は雇用や社会保障の分野で起きている現実について、少し詳しくお話したいと思っております。

まず、人権という問題は基本的にテーマの中に入っているのですけれども、経済学者というのは実は人権という概念をほとんど使っていません。アマンティア・センなど少数の経済学者を除くと、ほとんど人権という概念は出てこない世界です。これだけ「貧困」問題が出てきても、それをなぜ救済しないといけないのかという規範的な根拠が経済学の中には見当たらない、という淋しい学問なのです。

今日はなぜこういう状態になったかという問題はひとまず脇におくとして、小泉構造改革の問題点から話をします。まず、小泉構造改革は「市場原理主義で、格差を広げてどうしようもなかったじゃないか」という批判があります。人権という問題にいく前に、こういう議論の立て方だと、すれ違いになります。「だってこの国は行き詰っているのだから、構造改革をして、ともあれ成長

しなければいけないんだ」という、反論がすぐに返ってくるからです。これでは、永遠にすれ違いながら、格差を告発する人たちと、「成長のためには仕方がないのだ」という議論がくり返されてしまいます。実際に貧困に喘いでいたり、格差に苛まれている現場の人にとっては、非常に悲惨な事実があっても、それを十分に切り返せないでいます。

それは「構造改革をしているのだから仕方がないじゃないか」という主張になって人々に受け入れられていきます。まずこの「常識」を経済学の範囲で反論を最初に加えようと思います。「構造改革とは一体何だったのか」という当たり前の問いに立ち返って、「構造改革」は経済成長を確保するという政策としても失敗だったという点を明らかにしましょう。

実は構造改革という名前で小泉政権の時期にやったのは、日銀がゼロ金利を続けて、金融を緩和するという金融緩和政策です。その一方で、構造改革と称してやったことは、規制緩和や民営化です。また、大企業減税や金持ち減税を継続しながら歳出を削減する財政再建政策（実際にはレーガンと同じく失敗して財政赤字を拡大させてしまいますが）です。無駄な支出を削るのだというのは、テレビや新聞もやたら書かれるわけです。こういう政策の組み合わせで出来ていました。構造改革によって、低い生産性の部門から高い生産性の部門に人やお金が流れるようにして、それで経済の成長力を高めていくというシナリオだったわけですね。

ところが、現実には規制緩和をしようが民営化をしようが、ほとんど新しい成長分野は生まれなかった。金融自由化によって出て来たのは村上ファンドだとか、ホリエモンとかです。労働市場の規制緩和によって生まれたのはグッド・ウィルといった隙間産業です。結局、橋本構造改革から始めて小泉の六年間をトータルで考えると、十年近く経ったのだけれども、新しい成長分野なんか生まれていないのです。当たり前と言えば当たり前です。「市場の神の手に任せればあとは上手くいくのだ」という以外は何もない、つまり「信じる者は救われる」と言ってるだけですから。そして何より、実際にアメリカの住宅バブル崩壊に端を発した世界金融危機を見れば明らかなように、構造改革で言われてきた「金融立国」路線は完全に破綻しました。

新たな産業の国家戦略を、いま考えなければ、この国の成長分野は作り出せません。今世界中で大きな問題になっている地球温暖化による環境エネルギー問題でも、例えばドイツの衰弱した旧東ドイツにキューセルズという新しい太陽光電池のメーカーが誕生いたしました。ドイツの政府は、料金を通常の電力料金に上乗せしたうえで、電力会社に再生可能エネルギーの、固定価格での強制的な買取を義務付けました。今キューセルズは、それまで世界の太陽光電池の半分くらいのシェアを持っていた日本のメーカー、トップのシャープや三洋をはじめとするメーカーを次々と抜き去って、ついに世界一位のメーカーになった。明らかに石炭から石油、石油から新しい再生可能エネルギーへの大転換が世界中で起きていて、それは炭素税のようにCO_2に対する税金をかけたり、あるいは、今言ったように、再生可能エネルギーに対して法律的な買取義務化や補助金など様々な手段を使って、新しいエネルギー産業革命という形で欧州諸国は新しい雇用を作っている。ドイツは、この環境エネルギー分野で一八〇万の雇用を作り、再生可能エネルギーの太陽光や風力の比率を全エネルギーの七％までにすでに高めている。これを二〇二〇年までに四〇％にしようとしている。当然ガソリンのエンジンはもはや役に立たなくなるので、電気自動車や水素ガス自動車になっていく。新しいエネルギーに転換することによる様々な需要を引き起こすことによって、雇用を作り出し、産業を作り出す。こういうことでヨーロッパは、ロシアの資源ナショナリズムに対抗し、石油文明に乗っかってきたアメリカを追撃しようとしている（この講演後に誕生したバラク・オバマ米大統領の打ち出したグリーン・ニューディールも同じ発想です）。

ところが、この国はブッシュ前大統領の京都議定書つぶしに乗っかって、「市場に任せろ」あるいは「アメリカについていけばうまくいく」という、ほとんど思考停止状態に陥ってそういう戦略をとって来なかった。そのために、世界のなかでCO_2削減目標達成で取り残されたあげくに、この再生可能エネルギーの分野においても欧州諸国に負け始めています。かろうじて、トヨタがハイブリット車で勝っていますが。今、欧州あるいはGMを含めてアメリカの自動車メーカーも著しく、この分野への転換を一挙に展開をし始めているので、いつまで有利でいられるのかはわからない。こういう状態に置かれている。構造改革については、何よりもこれだけ人々を格差に陥れた上に、成長分野も作れなかったとはいかなることかと、厳しく問わなければいけない。

それでは、この間、日本のGDPがプラスになって成長したというのは一体どういうことだったのか。これを解剖すれば、実は金融緩和をして、金利を猛烈に低くして、為替レートをどんどん円安にした。すると、お金は金利の低い所から高いほうへ流れる。当たり前ですよね。日本はずっとゼロ金利だったし、その後も〇・五%にようやくなったところで、再び引き下げられている。そうすると、日本の円を売って政策金利が五%以上あったユーロやドルの方に逃げていく。それが欧米の住宅バブルを支えます。一方、円を売ってドルやユーロを買うということは、円が下がっていってドルやユーロが上がっていくわけです。すると日本は円安になる。八〇年代「円高不況」という言葉があったように、円が高くなると輸出に不利になって、円が安くなると輸出に有利になる。例えば一ドル一〇〇円だったのが円安になると一ドル二〇〇円になる。いままで一〇〇円で製品をつくって、そして一ドルで輸出していたとします。一ドル二〇〇円になると、一〇〇円で生産して一ドルで売っていたものが、収入は二〇〇円になります。つまり円が安くなればなるほど、輸出すれば儲かる。おかげで輸出の依存度がどんどん高まる。小泉構造改革で例年の経済成長率わずか一％に過ぎないのですが、その大半は輸出だったのです。

一方、内需が低迷して、自動車会社の国内の自動車販売台数はほとんど伸びていない。むしろ落ちています。代わりに輸出で稼いで儲けているために、一部上場企業の利益の大半が輸出だった。これが景気回復の実態でした。しかも大手の企業はお金を溜め込んで、賃金で配分したり、雇用を増やしたりということをしなかった。実際、二〇〇〇年代に入って労働分配率は低下しています。結果的に大企業の内部にお金が大分溜まっていって、国内需要向けの中小零細企業や地方経済はがたがたになった。これが構造改革の顚末でした。つまり、「いざなぎ超え」は輸出主導で回復したというだけなのです。しかも輸出依存度は大体GDPの七・八％だったものが、小泉構造改革の結果一六％を超えるようになった。つまり経済の中に占める輸出の依存度が高まった。これが小泉構造改革がもたらしたものです。実はこれは構造改革のおかげでも何でもありません。円レートを安くして輸出でとりあえず景気回復をするというやり方は、田中角栄以来くり返されてきたことで別に小泉が初めてやったことでもないからです。一九七〇年代以降ずっとやってきたことの焼き直しなのです。つまり弱々しい景気回復も構造改革のおかげではないということなのです。

それでは、構造改革は何だったのかというと、輸出主導の景気回復を内需に波及させる経路を壊してしまったということです。どんどん規制緩和をしていくなかで、特に雇用の破壊はひどくて、格差が猛烈に広がり、ついには貧困問題を生みだしてしまった。おまけに歳出削減政策で社会保障費はどんどん削っていきました。「骨太の方針二〇〇二」以降、診療報酬を削り、「骨太の方針二〇〇六」では、向こう五年間で一・六兆円をさらに削る方針を打ち出しました。これが至上命題となりました。当然、これも格差を拡大させました。生活保護の老齢加算を廃止し、母子加算を削り、医療の診療報酬もどんどん落とし、二〇〇五～六年にかけては介護保険もどんどん要介護から要支援へと突き落としていくような改革をやりました。その結果、当然格差が拡がっていく。お金がなければ命も救われない状態が生まれてしまいました。

同時に、歳出削減のなかで地方へ配る地方交付税というヒモがつかない、財政力の格差を是正する一般補助金が大量に削られてしまった。地方交付税とは、所得税、法人税、酒税、消費税、たばこ消費税の一定割合をプールし、財政力の弱い地方自治体へ配分する制度です。それで全国最低限のサービスを賄うための地方の財政力格差を是正するのです。地方交付税は、二〇〇〇年に二一兆六千億円ありましたが、二〇〇七年には一五・二兆円（当初予算ベース）まで落としました。三位一体改革で地方分権をするはずだったのが、地方に移譲する税金が去年はじめて所得税から住民税への移譲として実現されました。その間四・二兆円もの国庫補助金を削って、移譲されるのは三兆円。マイナス一・二兆円。それで済むならならまだしも、その間に地方公布税を六兆円以上も削った。自治体はお金がなくなって、ついに夕張の破綻のようないくつか自治体破綻の事例も生まれるような状況が生まれてきました。これでは地域の格差は拡がっていくばかりです。

こういう政策を続けて、はたして国内需要は盛り上がるのか。盛り上がるはずがない。もちろん、無駄な公共事業が必要だと言っているわけではありませんが、かつては低金利で円安を誘導して輸出主導で景気回帰すると、この利益が税金で一部吸収されて地方に配分される。あるいは雇用に回したり、下請け企業の下請けから買う発注価格を引き上げるといった形で、景気が裾野へ染み渡っていった。小泉政権がやったことは、この染み渡っていく経路を一つ一つ切っただけです。だから輸出依存度が異常に上がっていった。そういう風に考えると、小泉構造改革の問題点をただ「格差が拡大した」という批判の仕方では不十分なのです。構造改革は経済政策として全面的に失敗したのです。それは日本の経済構造を輸出依存のもろい構造に変えてしまっただけであって、決してこの国の経済力や体力を増進させたのではなくて、むしろ疲弊させただけのことだと考えざるをえません。ここがまず出発点です。「金がないけど、貧乏な人を救わなければいけないのではないか」ではなく、「構造改革は全面的に失敗した。失敗した政策をなぜ転換しないのか」。このように強く批判してほしい、というのが、まず最初に私が言いたいことです。

次に言いたいことは、残念なことに、構造改革論者というのは政策能力が足りない人たちに受け入れられやすい。「市場に任せればいい。」「アメリカについていけばいい。」とくり返しているだけですから、何も戦略を考えられなくても堂々としていられます。カール・ポパーというイギリスで活躍した哲学者がいました。このカール・ポパーの議論のなかで、科学とは反証可能な命題でなければいけないという主張があります。つまり、仮説を挙げたら、証拠を挙げて結論を出すという手続きが必要だということです。もしこの結論が間違いであったならば、その証拠や論拠を崩す。市場原理主義者たちが、本来依って立ってきたはずの考え方です。ところが、「構造改革」論者は最近になっても、空港の規制があるから外資が来ないとか、東京証券取引所の規制が強いから、外資が来ないといっています。つまり、規制緩和が足りないから今不況なのだというわけです。景気が良くなると構造改革のおかげ、規制緩和のおかげ。景気が悪くなると、構造改革や規制緩和が足りない。これでは反証不能です。もっとわかりやすく言うと、「交通事故に遭ったら、信心が足りない」、「宝くじが当たったら、信心のおかげ」こう言っているのと同じです。しかも、堂々とこういうことを言う。あえて言えば、無能なリーダーが堂々としていられるのが構造改革というロジックだった、ということに私たちは気づかされます。

さらに、「イザナギ越え」というキャンペーンにもトリックがあります。物事には色々な面があるのに、ある一面を抜き出して、自分が作りたいイメージをはめていく、というメディアの手法が使われているのです。「イザナギ越え」という言葉は、一九六〇年代の後半の高度成長期をイメージさせます。ベトナム戦争があったとはいえ、景気が非常に良くて、成長率は年一〇%を超え、給料も所得も倍近く伸びる。その結果、七〇年代にはいれば日本国民の七、八割は中流であるという時代が訪れました。イザナギ景気という華やかなイメージを利用して、ＧＤＰ経済成長率がプラスだった期間の長さだけを取り出してイザナギを超えているという。こういうトリックを使う。「イザナギを超えた」というと「へぇ、すごい景気がいいじゃないか」という風に、自分たちを正当化するためのすり替えのロジックが「イザナギ越え」という議論です。平気でメディアはそういうトリックを使っています。

物事は色々な側面があります。今回の「イザナギ越え」も、中味を見る必要があります。例えばＧＤＰの、経済成長率の大きさを見ると今日は名目一％、物価はマイナス状態で、だから実質はプラス二％になります。もっとはっきり言うと、物価が落ちているから皆豊かになっているのですよ、という。ユニクロ着て、一〇〇円のハンバーガー食って、牛丼チェーン店で安い牛丼を食う。これで豊かになったといわれても困るじゃないですか。全然質が違うわけです。当時は物価が上昇傾向で、所得も上がっている。あの頃はカー・クーラー・カラーテレビの３Ｃが普及して、人々は豊かさを完成できました。「イザナギ越え」というレトリックは、何よりも格差の拡大という現実を隠す論理なのです。もっと構造改革をすれば、もっと企業が豊かになって、それがどんどんトリクル・ダウン、つまり下に利益が降りていって、人々はもっと豊かになるはずなのだというわけです。だけど駄目でしょう。いまや輸出依存の脆さが露呈して、アメリカのサブプライムローンを始めとした住宅バブル崩壊の問題はすごいスピードで進んでいます。

2　格差拡大の悪循環が起きる仕組み

私は『戦後の終わり』という本の中で住宅バブルの危険に警鐘を鳴らし、その通りになりつつあります。悪魔の預言者と言われていますけれども……。不良債権処理もそうだし、ITバブルの崩壊もそうですし、イラク戦争や石油価格の上昇もそうですし、小泉改革というのは、ほとんど一人で孤立して反対して、ひどいことになると言っていたのですが、その通りでした。悪いことを当てるので嫌われています。しかし、これは私が特別優れているのではなく、構造改革論者が意図的に人々のリスク感覚をマヒさせてしまっているからです。自己責任とかリスクを取れと言う者に限って、ひたすら楽観論をたれ流しリスクを語らないで誤魔化すわけです。そして「信ずる者は救われる」と自己正当化する。起きるリスクは、しっかりわかっていれば避けることができるし、仮に避けられないとしても、そのリスクを最小限にすることができるわけです。人間の知恵で。リスクをわざと見させないで、ひたすら自分の政策は上手くいっているのだという印象を与えようとする。そういうメディア操作が、かえってリスクを大きくし、被害を取り返しのつかないものにするのです。

しかし、この「イザナギ越え」キャンペーンによって格差拡大を示す数字を隠そうとしても、現実には隠し切れません。生活保護はすでに一〇七万世帯、一五〇万人以上に膨らんでいる。国民健康保険証を取り上げられて資格証に代えられた人は三五万世帯。国民健康保険の保険料を納められない人は、四八〇万世帯を超えています。しかも、国税庁の民間給与実態調査統計によれば、年収二〇〇万円以下層が一〇〇〇万人を突破した。これを、労働力調査だとか、賃金ベースで見るともっと膨れ上がる。非正規雇用が増えているからです。フリーターの数は確かに二〇〇万人を切り、一八〇万人台に落ちたけれども、かわりに派遣労働者の数が猛烈な勢いで増えて、いまや登録ベースで三八四万人を突破した。そのうちの七割は、三ヶ月未満の契約。六ヶ月未満にすれば、九割をカバーしてしまう。そういう状況です。彼らは、契約を切られて、次につながらなければ失業状態。しかし、雇用保険はもらえません。彼らは失業者でもなく労働者でもありません。たとえば日雇い派遣では完全な細切れ労働で最低賃金制度も意味を持ちません。

労働者派遣法改正とともに、企業は都合よく使い捨てするような人間を大量に雇い、簡単に首を切っています。問題なのは、社会保障は本来、人々の最低限の生活を守るはずのものが、実は雇用を分断する役割を担っている点です。セーフティネットが、セーフティネットになっていないのです。企業が雇えば、従業員の厚生年金を払わなければいけない。厚生年金の保険料の半分は企業負担、あとの半分は従業員だけれども、結局それを払っているのは企業です。国民年金に入ってくれれば、企業は一切負担をしなくて自腹で払ってもらえる。非正社員になってもらいたいということになります。同じことは健康保険についてもいえます。少なくとも企業は組合健保の拠出負担を負わなければなりません。そこで非正社員になって国民健康保険に入って下さいということになります。本来、人の最低限の生活を守るべき健康保険制度や年金制度が、むしろ雇用の分断を促すための制度になっているのです。セーフティネットが逆に雇用の破壊を作り出して、構造改革の作り出した歪みをますます酷くしているというのが実態です。こういう問題を、私は年金一元化など様々な形で対抗提案を出し続けてきたわけです。

問題は、それが人が生きるか死ぬかという次元にまで及んできていることです。医療問題では、保険証を取り上げられて医療を受けられず、死んだ事例が膨大に出てきつつあります。NHKの「セーフティーネット・クライシス」という番組で調査した結果では二年間で五〇〇人近くいるようです。救急病院だけでも。生活保護を切っていますが、北九州では、皆さんご存知のように、「おにぎりが食べたい」と遺書を残して死んでしまった人が出ています。二〇〇七年の餓死者の数いくらだと思いますか？なんと七七人。そういう現実が隠されているのです。

よくネットカフェ難民といいます。ネットカフェ難民というのは、どうして生まれるのかがなかなかわからない。湯浅誠とか雨宮処凛とか、そういった人たちが貧困の現場、若者の貧困の現

場をよく知っていて、そういう人たちの話や書いたものを読んだりしているとわかってきます。例えば、労働者派遣法が一九九九年に改正されて、派遣が原則自由化になりました。そして二〇〇四年から製造業現場や医療現場にも派遣労働を認めるようになりました。まず、地元の高校出てもフリーターになる人が大量に生まれてくる。彼らをバスにかき集めて、三ヶ月契約でどっかの工場に派遣する。相手先の都合で、「いいよ、もう。一ヶ月で辞めてくれ。」と切ってしまう。ところが、帰るお金がない。帰れなくなったらどうなるか。どっかで住所を持とうとしても、敷金・礼金、アパートの最初の家賃がない。するとネットカフェへ行くしかない。ネットカフェにはシャワーがある。とりあえず、そこに住み着いてしまう。

住所がないから日雇い労働派遣になる。日雇い仕事を携帯で待つ。日雇いの仕事は三六五日あるわけではないので生活ができない。そうすると、次に吸い付いてくる貧困ビジネスはローン会社。彼らにお金を貸す。そうすると、金利支払いというノルマが発生する。まさに、吸い付かれて抜け出られなくなります。ネットカフェ難民という現代のホームレスは、そうやって派遣、労働者派遣法の改正のなかで、生まれてきているのです。怖いことに、そこにも市場経済が働いています。非常に貧困に陥ってしまった若い人に貧困ビジネスが吸い付くわけです。いまや、フリーター用のレストハウスというのがある。一泊一五〇〇円で、ほとんどペットホテル以下的な条件。そういうのが至る所にでき始めているというのが現実です。

こうした状況のもとで、「なぜ格差を是正しなければいけないのか」というそもそもの問いに立ち返ると、まず我々が直感的に考えるのは、人権という概念です。基本的人権の中でも重要なのは生存権です。それは憲法二五条の「文化的で最低限の生活を営む権利がある」という規定に示されています。そして、そのために「国は社会保障制度を整えなければいけない」ということが憲法上しっかり書かれているわけです。しかし、歴史的には昔からそういう制度が資本主義経済があったのではありません。昔はチャールズ・ディケンズの小説を読んでも、あるいは横山源之助の『日本の下層社会』を読んでも、あらゆる所にそういう問題が存在していたわけです。それがワイマール憲法以降生存権が規定されて、多くの国々で福祉国家というものが肯定をされるようになりました。むき出しの市場経済というものは、もともと福祉国家的要素を内在的に持っているわけではありません。社会主義体制への対抗として生まれてきたので、それが崩れてしまえば、存立根拠が怪しくなってしまいます。一九八〇年代以降の新自由主義の拡大によって、むき出しの資本主義にどんどん逆戻りするということが、あちこちで起き始めているわけです。

そこで、格差が拡がってきましたが、格差があるのは資本主義として当然でしょうという問いに改めて答える必要が生じてきています。たしかに、すべてが平等で皆が同じだったら、気持ち悪い社会です。平等という価値が自由という権利と全く矛盾してしまいます。これが、まさに機会の均等か結果の平等かという議論になるのですが、この対立軸の問題点については後からお話をします。他方で、格差が貧困という段階に入ると、最低限で生きていけないような人たちが存在していいのか。社会が、そもそもそういう現実を認めていいのか。憲法そのものが空洞化しているのではないか。こういう議論が当然成り立ちます。そして、これは多くの人々のコンセンサスが得られる最初の出発点であるというのは確かです。しかし、生きていけないとはどういうことなのか。最低限の文化的な生活とはなんなのか。残念ながら、この国にはしっかりした定義がありません。貧困線（poverty line）というものを、多くの先進国の場合一応計算をいたします。もちろん、色々な計算の仕方がありますが、たとえばイギリスの伝統的な考え方に立てば、たとえば経験論的に、最低限の栄養水準を確保するのにいくらかかるかから始まって、自転車を持っているのがいいのか悪いのか、テレビを持っていなくていいのか悪いのか、クーラーなくていいのか悪いのか、最低限これだけがないと生活ができない項目を積み上げて貧困線を定義する考え方が強くあります。この国の場合には、貧困線の定義が真剣に検討されないまま、どのような意味で最低限を守るべきかという議論が十分に存在しないのです。

その結果、どういうことが起きてきたかというと、最低賃金が落ちていくと、最低賃金より生活保護の水準の方が高いのがけしからんということで、生活保護の水準も下げましょうとなります。この間のデフレ化のなかで収入が落ちて行けば行く程、賃金とともに社会保障給付が下方に削られていく、というスパイラルがおきてしまい、それを止める絶対的基準が設定されていない。対照的に、たとえばスウェーデンでは、年金が足りなければ最低限の所得を保障しましょうとなります。この国ではスウェーデンのように、旅行に行けるとか、本を買えるとか、映画を鑑賞できるとか、そういう文化的な水準も含めて最低所得をすべての人に保障するという思考があるでしょうか。日本では、そういう最低限を守るという思想が欠けています。そこに構造改革が襲ってきて、次々とスパイラル状に賃金の引き下げと社会保障給付の引き下げが続いている、というのが現状なのです。そのなかで貧困という問題が露呈してきたのです。

さらに、問題なのは、生活保護を受けられないのに生活保護水準以下の収入しかないワーキング・プアと呼ばれる貧困層が生まれてきたことです。

NHKスペシャルの「ワーキング・プア」という番組が評判になりました。その中で、角館で年収三〇万で生きているテーラー（仕立て屋）の人が映し出されていました。一〇〇万円の貯金をしているために、彼は生活保護を受けられません。要介護状態に陥った妻の葬式のための費用として、その一〇〇万円の貯金を取り崩さないためにずっと守っているんですね。そのために生活保護が受けられない。一〇〇円の缶詰を一日分けて食べている。つまり、人間の尊厳を守るという観点からいっても、生活保護の支給を抑える理不尽な政策が一方で続いているわけです。なぜならば、二〇〇六年の「骨太の方針二〇〇六」で一・六兆円の社会保障費の削減が、まず至上命題としてあるわけです。しかし構造改革のなかで、格差の拡大とともに生活保護が、自動的に受給者が増えていくわけです。それだけで社会保障費の自動的膨張は避けられない。でも、社会保障費の抑制のために極力生活保護受給者数や給付水準を抑えようとします。地方自治体も国の方針を受けて「水際作戦」と称して、さまざまな理由をつけて窓口で申請者を追い返そうとします。そして、最低限生きていくために人間の尊厳を守って生きていくための憲法二五条の最低ラインの定義がないので、ワーキング・プアがどんどん肥大化しているのがこの国の現状なのです。

こうした状況に直面しながら、私たち自身が真剣に、「この国のなにが欠けているか」ということについて、議論していないし、そのことに注意を喚起していません。むしろ、悲惨な事例を見るたびに、「自分はあそこまでいっていない」ということにほっと胸を撫で下ろすといった人々が数少なくないように思います。こういう中で、人権だけを振りかざしたところで、格差の是正が本当に進むのか。もっと分け入って、起きている現実を見ていかなければいけないのではないか、と思うのです。

3　命と健康さえ守れない

今度は雇用ではなく社会保障の分野で見ていきましょう。この講座が高齢者や障がい者の支援であったり、福祉に従事する、あるいは、そういう支援者たちを育成するプログラムなので、もう少し実態について見てみましょう。

私は二〇〇〇年頃から中山間地を回り始めました。二〇〇六年頃から、それと同時に始めたことは、まず介護施設など介護現場を回り始めました。NHKの教育テレビに「福祉ネットワーク」という番組があります。私、二〇〇七年の四月下旬に四日間連続で、「緊急点検、日本のセーフティネット」というシリーズをやりました。

その後、医療の崩壊を調べるために、やはり二週間少しほど使ってただひたすら現場を回っておりました。本で学者が言っているようなことは、ほとんどなんの役にも立たない滅茶苦茶な現実に突き当たりました。介護の社会化とか美しい理念で始まった介護保険制度ですが、いま起きていることは、それとは全く反対の方向に向かっているような状態です。農村と農業も同じ。医療の現場も同じ。しかし医者が言っても、誰も信用しないですね。普通の人たちのイメージとしては、医者はすごいお金持ちで、自分たちの権利を擁護するために「こりゃひどい」と言っているに違いない、と思い込んでいます。構造改革の「抵抗勢力」というレッテルはりとバッシングのイデオロギーが浸透しすぎていて、少なくとも現実の多くが見逃されているんですね。

しかし、二〇〇五年から二〇〇六年にかけての介護保険法改正と二〇〇六年の医療改革関連法案が通過した結果、医療や介護の現場ではすごいことが起きています。それで、ようやく介護崩壊とか医療崩壊とか、医療難民や介護難民といった問題をメディアも取り上げるようになってきています。

①年金崩壊

まず、年金制度はシステムとしては破綻しているとしか思えません。銀行の不良債権問題を想像して下さい。まず年金記録がないということは、預金の名義がはっきりしないということです。名義がわからない預金が半分あったら銀行は潰れます。おまけに皆さん調べて下さい、申請してくださいというわけです。記録を保管する義務を守っていないのは社会保険庁にもかかわらず、です。さらに、若い人は三人に一人は国民年金を納めていない。危ない銀行にもう預金を預けたくないと逃げているのと同じ状態です。しかも、「一〇〇年安心」とくり返す様は、危ない銀行ほど「うちの銀行は大丈夫だ、大丈夫だ」と言い張るのにそっくりです。

厚生労働省は積み立て方式の要素が消えてみな賦課方式になったから、八〇〇兆円は積立不足でなくて財源不足からだと言い方を変えて、過去の失敗を帳消しにしようとしています。けれども、もう信頼性がないのです。年金は、銀行と同じように人々が信頼しないと成り立ちません。年金制度は、本来、将来の不確定要素が多いわけだから余計にそうです。八〇〇兆円は、実は運用の失敗であり、見通しの失敗であるわけです。いつでも、人口問題研究所の一番低い人口推計に張りついて動いているのに、いつも中位の推計を採用してきたために、財政再計算を五度も六度も四分の一世紀にわたって続けては失敗してきました。その度に、全部計算を修正して保険料をずるずる上げてきました。毎回「予想以上に高齢化が進んだため」と言い訳をくり返します。こうした失敗をくり返しては、政府は信頼を失っていくのは当然です。

最近、私は年金を一〇〇円ライターに例えることにしています。この一〇〇円ライターには、対人賠償保険付きというシールが付いています。企業名と番号がついていて安心しますね。これならライターが爆発しても大丈夫だ。でも、爆発したときに番号・会社なんて覚えている人は、一人もいないんです。だから、爆発したときにはなんの役にも立たない。それが年金であり、医療保険だということです。

年金問題は、年金財政のパフォーマンスが悪いという問題だけではなくて、さきほどから述べているように、年金制度が職業別に分立していることにあります。もともと厚生年金は、すべての人が長期雇用で最後は年金が貰えるのを前提にした制度でした。国民年金は農業者や自営業者の年金です。しかし、これだけ大量に非正規雇用の人を作ってしまったら、その人たちはどんどん国民年金に行く。国民年金は、本来は自営業者や農業者の年金だったはずなのが、ほとんど非正規雇用になってしまいます。国民健康保険にいたってはほとんど高齢者の保険になっていて、病気になりやすい者だけを集めた保険になっているわけです。しかも、市町村単位で運営している。これで制度を維持するのは無理です。保険とは、リスクを分散するから保険なのであって、高齢者や非正社員などリスクの高い人だけを集めて、しかも山の中の小さな市町村でも運営している。喩えていえば、暴走族を集めて自動車保険を作っているような状態です。ほとんど保険としての機能をなしていないのです。

こんな馬鹿げた制度が出来たのは、じつは、国家総動員法体制のなかで農村から健全な兵士を送り出すという名目で、市町村単位の健康保険組合というのが発達してきたという経緯があります。私たちはそういう制度を払拭しないまま国民皆年金皆保険制度を作ってきたという歴史的な負の遺産をかかえています。そして構造改革の名前で大量の非正社員を作り、そして進行する高齢化を放置したまま、大量のリスクの高い人たちが国民年金、国民健康保険に集まってしまっているわけです。年金は一元化しなければ、おそらく、後でも言いますけれども、もたないでしょう。いまだに「いまどきの若者は仕様がない」とか「働かない」とか「本気がない」とか批判する人が一部にいるのですけれども、あなたの年金、誰が将来払うのですか?・若い世代でしょう。なのに若い人をこれだけ雇用が不安定な状態に置いて、非正規の人たちが四〇〇〜五〇〇万人近くもいる状態では無理です。しかも、三五歳を過ぎたフリーターの人は、三四歳以下という定義上から、統計から消えていくことになります。膨大なこういう人たちが四〇歳、五〇歳になった日本社会の姿を想像してみて下さい。働き盛りのときに、彼らは年金保険料を納められる状態だろうか。むしろ、生活保護予備軍にしかならないのではないか。彼らは結婚できるだろうか。結婚できなければ、子どもも産まれて来ないでしょう。いや、もちろんシングルで子どもが産まれるということがあっても良いし、ヨーロッパの一部ではそうなっているかもしれないけれども、この国はそんなことやったら食べていけません。そういう状態の国で、将来の年金がもつわけがありません。

でも、こうした状況を自分の問題と考えて、雇用の破壊状況を正していかないといけないのです。年金制度は、世代の輪廻、世代間の連帯でもっている制度だということをふまえて、社会保障改革をトータルに問題を考える必要があります。こうした視点から、構造改革は本当に正しかったのかを検証したうえで、オルタナティブを突きつける、ということをしなければいけません。

②医療崩壊

それではもう一つの問題、現物で受け取る給付、医療や介護の問題はどうなのでしょうか。先程申し上げたように、医療保険の問題では、国民健康保険の空洞化によってもう国民皆保険制度は事実上崩れています。よく考えてみると、年収二〇〇万円以下層が一〇〇〇万人を超えています。実際に、彼らが国民健康保険料を払えるでしょうか。国民健康保険料は、資産割りとか所得割りとか平等割りとか色々比率も違っていたりするので、自治体毎に計算の仕方が違っています。例えば、横浜で私がインタビューした事例は、請負会社を通じて、自動車部品会社に勤めている人でしたけども、会社が苦しいので保険を切って、国民健康保険に入ってくれ、と頼まれます。その間、どんどん収入が落ちていって、まさにワーキング・プアの収入二〇〇万円前後にまで下がります。こういう状態で、子どもの教育費を切りたくない、飯を食わなきゃいけない、家賃支払もある、光熱費もある……。年金やＮＨＫ視聴料もそうですけど、学校の様々な経費、教育費、色々なものを払っていくと、国民健康保険料が滞りがちになる。なぜならば四人家族だと、保険料が年間で三〇万円近くになってしまう。二〇万、三〇万というのは収入の一〇％～一五％で、だんだん滞納気味になっていきます。滞納を繰り返して一年以上滞納になると、保険証も取り上げられて、資格証明書というのを交付されてしまいます。そうすると、窓口で一〇割負担になってしまう。後で保険料を払って七割還付されるけど、みな滞納しているので、七割の還付の分はほとんど滞納分に取られてしまい、実質一〇割負担ということになります。これでは病院にもかかれなくなってしまいます。

私は広島市内の福島病院という生協病院に取材をしたのですけれども、その実例というのは、五〇代半ばの女性は典型的なワーキング・プアで、二度の離婚を経験して、父親の違う子が二人いる例でした。姉の方はもう結婚しているのだけれども、その人もワーキング・プアで共働きでした。お母さんは惣菜売り場と清掃の仕事のダブルジョブです。同居している娘さんも正社員になれなくて、アルバイトをしている。それで、ようやく月一八万の収入を得て暮らしている。その人が、保険料が滞納気味だったので資格証になってしまった。乳がんだったのですけれども、主治医の説明によると、一〇センチくらい黒くなって噴火口みたいになっていました。当人は、痛みをシップで止めて我慢をしていました。あるとき血が吹き出てくるようになってしまって、救急車で運ばれた。がんだと言われても「治療にいくらかかるか」とその人は聞くわけです。それで、結局入院もせず、そのまま帰ってしまうのです。再び救急車で担ぎこまれて、病院のケースワーカーにすすめられて、ようやく生活保護の申請を決意します。抗がん剤を月に最低でも一〇万円、丸々自己負担しなきゃいけないですから、生活保護を受けなければ、このワーキング・

プアには支払いが不可能なのですね。仕方なく生活保護になって、入院して三ヶ月。入院に際して、下の娘さんと一緒に末期がんを宣告されます。そのときに、この人は気丈な人ですので、末期がんをうすうす気づいていて、宣告を受け止めたそうです。けれども娘さん（次女）は、知らされていないので泣き崩れてしまいました。その人は、入院して三ヶ月で、結局リンパに転移をしていて、死亡してしまいます。

ＮＨＫ教育テレビではお涙ちょうだいはできないので、そういう家庭の事情まではほとんどしゃべれませんでした。もっと言うと、最初は長女の方がテレビに出てくれるはずでした。すると、母親の葬式代を出してくれた親戚に「恥だから出るな」と、止められてしまいました。国民健康保険料を払えないのですけれども、「払わない自己責任」というものに一番さいなまれているのは、貧困層です。「自分が駄目だから、払えなかったから」という理屈が浸透しているので、一番困っている人たちが、沢山いてもそれは声を挙げられないでいます。結局、そのあと長女の方を説得しようとしたのですが、駄目でした。長女の方は、その後実際には忙しくて、父親違いの妹さんのために、生活保護の申請に行っては断られ、結局、母親が離婚した、自分の父親とは違う人に、母親が死んだのでその自分の妹の面倒を見てくれるようにと直談判をしたり、ということに奔走していました。結局、そのことは教育テレビの番組ではお伝えできなかった。

阿部謹也というドイツ中世史が専門で一橋大学の学長だった先生がいますけれども、日本の文化は、世間体、世間とかいうものが支配している文化だ、ということを書いています。まさに「自己責任」と「日本的な世間体」というロジックが見事に重なり合って、市場原理主義という論理が、弱者たちの声無き声をますます地下に潜らせていく、ということが起きているのです。救急病院も、さらに取材していくと、何百もの事例が次々と発掘されてきます。「おにぎりが食べたい」と餓死した人が七七人。そして、保険証を取り上げられて実質病院に行けないで死んでいく人が三桁のレベルで存在しているとすれば、この国は本当の意味で「成熟した先進国である」とか「豊かな国である」と言い切れるだろうか、と私は思うのです。

さらに、この保険制度の崩壊に加えて、普通の人々でさえ、じつは医療難民に次々と陥れられているという現実に突き当たります。いま医療費を削るために、政府は入院日数の短縮政策を展開しています。「病院にいるのは怠け者で、本来治るやつも社会的入院をしているから治らないのだ」という理屈です。病院も手術をするような急性期の病院、そして回復期と慢性期というように病院を再編します。この急性期の病院、特に患者七に対して看護師が一の比率を保っている大きな病院では、診療報酬が一九日を過ぎると診療報酬がガタンと下がっていきます。大手の病院でこの一九日を越える患者を大量に抱えていると、年間で四〇〇〇万円とか五〇〇〇万円とかいう単位で減収になってしまいます。ですから、病院は、できるだけ患者を早く追い出そうとします。

じつは、リハビリや老人保健施設でも早く出すようにしています。もっとすごいのは、三八万床あった療養型の病院というのがありますが、この慢性期の病院、一八万床を削っていくという政策を、いま展開しています。二三万床に削っていく。さすがに社会的批判が強くなったので、減らす数を一五万床にしましたけれども、減らすことに変わりはありません。すると、社会的入院で病院にしかいられない長期の入院者を抱えている、この慢性期の病院から、一五万人の何倍かの人がこれから難民として追い出されることになります。在宅でやりなさい、あるいは介護施設に行って下さいということになっています。

その結果、普通の人でも一九日過ぎて、二〇日を過ぎると、手術が終ると、回復しなくてもどんどん出されます。病院は次に行っても、また一定の日数が経てば追い出されます。そういうことがえんえんと繰り返されているのが、いまの医療政策のあり方なのです。

一方、病院は、収益を上げるために、ホテルのように病床の回転率を上げなければいけません。みなさんも入院したことがある方ならわかりますが、たとえば月曜退院。土曜、日曜は医者もいないし、なにもしないのに、月曜日に退院となります。ベッドを空けておくと病院の収入が落ちてしまうからです。笑えますよね。あなたラッキーで日曜に出られますって。じつは、救急患者が予定以外に沢山入って来ちゃって、仕様がないベッドを空けなきゃいけないから出てくれ、みたいな綱渡りです。病床の回転率を七割八割に高めれば、もう救急病院としての機能とすれすれでやるから、現場にとってはすごく大変です。医者の紹介で来る患者はいるし、救急で来る患者はいるし、既存の入院患者はいるし……。それは医師や看護師だけでなくて、事務系の人たちも滅茶苦茶に振り回されているという現実があります。そういう医療の現実のなかで、普通の病院でさえ、そして平均的な所得を得ている人でさえ、医療難民になる危険性を抱えているのです。

さらに三六〇の病院、一八万床にＤＰＣ（Diagnosis Procedure Combination）という制度が入っています。いまは七〇〇病院を超えています。ＤＰＣとは何かというと、ちょっと難しいのですが、診断名と治療の種類で一人当たり支払額があらかじめ決まるという一種の包括払い制度です。その基本にあるのは、インセンティブという考え方です。定額払いにして、入院日数を短くすればするほど診療報酬が低くなるようにして、無駄な医療をなくそうというのです。たとえば、肺がんだったら肺がんで抗がん剤や放射線を使ったらいくらかかるとあらかじめ決めてしまう。その上で入院日数が短ければ短いほど診療報酬の支払いが増えるという仕組みです。その結果、どういうことが起きてくるか。高い抗がん剤は使えないとか、治りにくい病気の人は病院が受け入れないということになります。再発がん患者は来ないでくれ、外来にしてくれとなります。再発がん患者なんかが来てだらだらいられたら、それだけ収入が下がるからです。逆に、治りやすい患者ばかり来ると、病院の収入は上がります。アメリカでも起きていることです。たとえば、高度な医療施設があって、ＣＴスキャンで肺の小さな腫瘍を見つけられるとします。その腫瘍を見つけて、悪性か陽性かの判断もせずに「肺がんだ」と言って肺がんを取る。その日のうちに退院できる。そういう患者を次々次々取れば、病院は一番収入が上がるようになります。

おまけに、巷では病院ランキングなるものがどんどん公表されて、情報公開の名で滅茶苦茶なことが行われています。病院ランキングでおもしろいのは、日経病院ランキングでトップの病院を見ると、二期の患者よりも四期の患者の方が治癒率が高い。がんは一期、二期、三期、四期とある。四期が末期です。あり得ないことです。再発患者を二度と外来に来させないとか、治りにくい人は来させないとかしないと、こうはなりにくい。みな、医療の不安を抱えている人はそのランキングを見て、どんどんそういう所へ行く。追い出された人は、保険外のわけのわからない治療をどんどんやり始める。効果の確定しない、そういう治療はみんな保険外です。だから、いまやたらテレビで民間のがん保険の宣伝をしているのは、こういう背景があるからです。保険に入らないと治療が継続できないのです。

混合診療を導入する以前に、もうすでに医療のある領域は市場化されて、情報化という名前でランキングが公表され、その情報に逃げ惑いながら動いています。しかも、公立病院はそういう再発がん患者、治らない人ばかりが押し寄せていて、追い返すわけにはいかないので、どんどん赤字化してしまいます。

問題は、こういう入院短縮政策の中で、本当のところ受け皿がなくなっていくわけです。よくテレビで、ホスピス医で活躍して、緩和ケアをやっている献身的な在宅医が出てきますね。良いですよ、そういう人に巡り会えた人は。しかし、こういう在宅医は、数が少ない。受け皿がなしに、入院日数の短縮と称して、医療費の抑制に逃げようとするから医療難民が出てくるのは当然です。その一方で、人間の命を守る、死亡率だとか健康に関する指標は、なんの政策目標にもなっていません。つまり、医療費の削減だけが目標になっているのです。さらに、地域の病院の赤字は散々たる状況で、さきほど言った病院再編政策や健康保険制度の歪みに加え、小泉政権がやったのは、「骨太の方針二〇〇二」で診療報酬を二年毎に次々と切り下げる政策です。たしかに、巷で、べら棒に儲けている開業医や悪徳病院があるのは事実です。しかし、一般の人に比べて高いとはいえ、病院に勤めている勤務医なんかは、過酷な勤務や大きなリスクを負っている。大学の医局なんていたら、公務員だから収入はさらに低い。そういうなかで診療報酬を下げていくと、どういうことが起きるか。良心的な病院や公共の病院ほど収入が落ちてしまいます。

さらに、医師不足というのが決定的に追い討ちをかけています。おまけに、さきほど言ったように、地方交付税を二〇〇〇年の二一・七兆から二〇〇七年の当初予算で一五・二兆まで落としていいます。六兆円削っているわけですから、病院が赤字になると地方自治体の一般会計から補填していたのが、補填もままならなくなります。結果、自治体病院の赤字がどんどん表面化して累積するようになっています。自治体が破綻するときの一つの原因は、病院の巨額の累積赤字と土地開発公社に託した土地転がしのツケです。首長とか議員が無責任に土地を買って、塩漬け土地になって、その負債が膨大に残っていたりする。その一方で、地域で病院を守るためのお金がそこに投入できなくなって、病院が累積赤字を抱えているような状況というのが、あちこちの地域で蔓延し始めています。

おまけに、医師抑制政策というのがずっと続いています。一九八六年以降、医学部の定員を一割ほど削らなければならないという政策を続けてきました。結果、どういうことが起きているか。ＯＥＣＤという先進国の平均では、二〇〇四年の統計で、人口一〇〇〇人あたり三・一人の医者がいる。ヨーロッパでは、軒並み三人を超えている。日本は二人です。先進国で日本より低いレベルだった国は、韓国くらいです。医者が決定的に不足しているわけです。

ここに二〇〇四年に臨床研修医の自由化が重なった。すると、大学の病院や公立の病院は給料が安いから、そして即戦力になる医療の技術を覚えられないということで、民間の大手の病院に行くようになります。大手病院は、ちょうど派遣や契約社員で若い人を雇っている普通の企業と同じように、研修医を大量に集めて、ぐるぐる回すような形で利益を上げようとします。大病院が収益を上げるために研修医を地方からたくさん採るようになる。必ずしも東京だけに集まっているのではない。宮崎なら宮崎市の、そういう民間の大手病院も来ているし、仙台の大手病院などにも研修医が吸い寄せられて行く。

そうすると地方の、残念ながら福島は国立大学の病院がないという医療過疎地で、全国に三県しかない県です。しかし、国立大学の医学部も、独立行政法人になりました。いままでの大学の医局は閉鎖的で、地域になんの貢献もしていないというのも、それはそれで大きな問題だったのですけれど、いまや、独立行政法人にして毎年一％ずつ予算を削るという政策をやっているわけです。大学の病院だって、赤字覚悟でずっと動いている所は大量に赤字を出すようになっているわけです。

そこで、研修医がいなくなったら、もう病院は危ないし稼げないわけだから、医局が供給していた医師を、地方の病院からどんどん引き上げていきます。それで地方のあちこちで病院が潰れていくわけです。たとえば、医師が十数人いたのが五人、六人になってしまうと、外科とか小児科とか産科とか、当直、手術、当直、手術の連続で、休みも一日に取れないような状況に陥る中小の総合病院が出てきます。そこで働く勤務医は、「給料なんて上げなくてもよいから、休みをくれ」みたいな状態になっていく。すると、あるときにごそっと医師全員が辞めてしまう。福島県でもそういう事例があるらしいのですけど、東京近辺でも千葉の銚子もそうですね。新潟の新発田もそうでした。三〇数人、四〇人近い病院が、産科・小児科などいくつかの診療科がなくなっていく。ずるずると二〇人くらいになった瞬間に、全員が辞めてしまう。サボタージュ型病院崩壊と言われていますけれども。そういうことが起きるようになってきています。とくに地方中小都市の中核病院が潰れてしまう事例が深刻です。

これは地域にとって最後の生命線が断たれていく動きなのです。たとえば、子どもを持った三〇代、四〇代の若い夫婦がいるとします。子どもを診てくれる小児科がない。子どもを産む産科がない。おまけに、緊急で自分の子どもが、あるいは自分が病気になったときに、救急指定の病院がない。それで三〇代、四〇代の若い夫婦が住むでしょうか。病院と学校がなくなれば、その地域は後戻りできなくなって滅びるしかありません。政治家も官僚も学者も、そして地方の人々でさえ、そのことの意味をよくわかっていません。どんどん病院を効率化で統廃合していって診療所にすればよい、とかそういうことを平気で言うわけです。高齢者で、たった一つの病気しかない人なんて、そんなにはいない。結局、ある程度診れるかかりつけで総合医であるか、総合病院でいろいろな科があるか、どっちかしかない。しかし、総合医を育てる教育システムも日本にはありません。さらに、心臓に持病があるとか、人工透析が必要であるとかいう場合には、近くにそういう施設がないと不安で住めなくなります。

その一方で、大病院の専門分化の弊害も出てきています。ガン難民の一つの典型例は、どの病院に行っても専門化しているために、最低限やらなきゃいけない血液検査をやらない。あちこちに医師のネットワークができ始めているけれども、まだわずかです。「うちではわからないから、そっち行ってくれ」とたらい回しにされているうちに末期がんになってしまう、という事例さえ起きています。医療の崩壊現象というのはそういう所まで進んでいます。これは、さっき言った憲法二五条が保障されていない状況を意味します。所得の多寡を超えて、地域丸ごとが医療難民になる。救急体制もとれない。そうすると住んでいる地域で若かろうが年寄りだろうが、最低限の医療を受けられないという事実が大量に生まれつつある、ということになっているのです。

③介護崩壊

つぎに介護について、もう少ししゃべらせてもらいます。

介護保険の方も、二〇〇五年、二〇〇六年の「改正」で、非常に変わってしまいました。いちばん変わったのは、「新予防給付」という制度が導入されたことです。いままでの要支援をさらに大きくして二段階にして、要支援1、2という区切りを作って、要介護1、2からそこへどんどん突き落としています。さらに、リハビリ、生活支援など毎にサービス受給の上限が設定されました。ここも、インセンティブとか自立を促すと称して、もうお年寄りで弱っている人に、手厚い給付、生活支援として家事支援とか色々やってもらうから自立できないんだというわけです。つまり、新予防給付と称して、要支援でサービス半分にするから「自分で頑張りなさい！」という理屈です。でも、結果起きていることは、ヘルパーさんがほとんどお手伝いさん状態になっていきます。例えば、脳梗塞起こして右半身が麻痺してしまった人がいるとします。ヘルパーさんが来て一緒に料理を作ったり、一緒に寄り添って買い物をしたりしてその人を励まして、リハビリに近いような自立する訓練をする。三時間かかるとしましょう。ところが、「新予防給付」では一・五時間に落とされる。とてもそんな暇はない。そのために、料理も買い物も自分でやって帰らなければならなくなる。結果的に、介護報酬をちゃんと払っているはずの人が、事実上お手伝いさんになってしまう。実際に頼んでいるほうは、自立どころかますます動けなくなる、というような事例はあちこちで起きています。

さらに通院介護も、これまでと違って窓口などになった。しかも、三〇分だけしかカウントしない。いきなり病院に入った瞬間に、要介護の人は車椅子状態で「あなたは自立しているのです！」と言われてしまうのと同じです。すると、なかで付き添っていたその時間は、介護報酬にはまったくカウントされないということであれば、事業者としては、そこまで面倒みられませんよ、ということになります。診療科をあちこち回っている間ほとんど通院介護なしに陥ります。帰るときに引き取ってくれるといったって、一旦帰ってからまた来るのは手間です。結局、家族を呼び寄せたり、だれか手伝ってもらえる人に来てもらったりするしかありません。もちろん、自治体によっては診断書を出して、特別にカバーしているところもありますけれども。多くの自治体では違います。

つぎに「日中独居」は、子どもが働いていると、昼間は要介護ですが事実上独居状態をさします。しかし、一応、建前上、住民票のなかに子どもがいたり、親族がいると、一切の介護給付を削ってしまうようになりました。たとえば、いままで認められていた生活支援が一方的に打ち切られるようになってきました。実際には、厚労省は何をやってきたのかというと、監督監査権限を市町村に与えて取り締まらせるということをやっています。ケアマネージャーが良心的なケアプランを立ててやると、「日中独居」を削らなければいけないという通達を出せば、市町村は監査で引っかけて必死でそれをやめさせます。ケアマネージャーは、もう申請して事業所にヘルパーさんを派遣してもらってしまっており、ヘルパーさんにお金を払ってしまっています。ケアプランを作ったケアマネージャーは、事業所に無用な支出をさせたことになります。そうさせないためには、自分で自己抑制して、検査に引っかからないようにサービスを抑制していかざるを得ない。そういうことがあちこちで起き始めています。その後、厚労省は一律対応をやめるように自治体に指示を出しましたが、改善されない所も多い状態です。

コムスンを叩いたりして悪徳業者を取り締まっているように見えますが、その裏で介護サービスの削減が行われているのです。介護保険法の改正で予算とサービスを削ってしまったために、事業所が過剰になっているからです。サービスをどんどん削られて要支援者が増えれば、当然事業所の収入は減ってくるし、細切れになるから、在宅支援で回っているヘルパーは収入がどんどん減ってしまいます。その結果、ヘルパーはどんどん労働市場から退場していきます。軽度の人を扱うと事業所もどんどん収入が減るから減少してきます。

これでは、当初の理念と違ってサービスを自由に選べるとはいえません。むしろ事業所が要介護者を選ぶ、あるいは選ばざるをえません。どういう人を選ぶと収益が上がるか。より重度で動けないが、認知症が入っていない、お金を払える、という条件がそろった人を集めた介護事業所は、なんとかやっていけます。しかも、ベテランの介護士を、数を少なくして、あとは経験のない若い人を入れ替えて差し替えてやっていれば、それが一番収入が上がるという制度に、じつはなってしまっているのです。

介護保険法は発足当初、介護の社会化とかサービスを選べる自由とか色々なことを言ってきたわけですが、まるで嘘だったのかのように逆回転を始めているのです。

いま、コンプライアンス不況とか、建築基準法を変えたことでマンションが建たなくなったとか言って不況の原因を規制に求める主張が出ていますが、おおむね構造改革論者の嘘です。じつは、もう、マンションはバブルが弾けています。あれ以上建てたら、もっとひどくなってしまう。結局、官庁が需給調整をしていることになりますが……。

この国は、たしかに余分な規制ばかりして肝心な所は規制なしの野放しです。たとえば、BSEの問題は放置する。二〇〇八年にもアメリカでへたれ牛問題が出て、六五〇〇万トン回収されたのです。アメリカでも回収命令が出たのだけれど、ほとんど食っちゃって、そのうちの三割くらいは給食に回って大騒ぎになりました。

へたれ牛は必ずしもBSEじゃないと言っているのですけれども、危ないです。検査も不十分な、しかもトレーサビリティもないような、牛肉の輸入再開を勝手に認めてしまう。一方、被害者は一人も出ていないのに、「白い恋人」とか「赤福」とかを次々と表示偽装で挙げていく。いかにも政策がチグハグです。ともあれ最近の傾向として、監督・監査行政を通じて介護を締め上げるという手法が、どんどん定着しています。クソもミソも一緒で、良心的事業者はどんどんこれから排除されていきます。要するに、介護保険の切下げに伴う「供給過剰」をそうやって調整しようとしているのです。

監督・監査行政をそうやって強めていって、厚生労働省は自分たちの存在証明をしていくわけです。そもそも、こういう問題は何故起きたのか。国保が事実上破綻しつつあるのに介護保険を市町村単位でやるということにそもそものネジレの原因があります。保険は、市町村単位では成り立たちません。保険は、リスクを分散するから保険なのです。にもかかわらず、介護保険を推進する、「進歩的な」人たちは介護の社会化だとか、ジェンダーだとか、地方で保険料を取ってやれば、その受給者のニーズが反映するので、地方分権や地方自治的だといってきました。しかし、リスクを分散するという保険の原則からいって、全国保険以外ありません。ドイツの介護保険もそうなのです。カナダでは、健康保険も地方でやっているといっても、州レベルでやっています。日本の場合、基礎自治体である市町村単位なので、当然、経済格差や高齢化でもたない所が出てくる。そのために、権限は市町村にあるとしながら税金は入れざるをえません。すると厚生労働省は、通達・監査・監督で自治体を命令するようになります。結果的に、財源なしの指令を出して、最終責任は保険者の市町村ということになります。地方分権的どころか、とんでもないことが起こるわけです。これが、いま全国で横行していることです。

国は財政支出の拡大を抑えようと、市町村を指導するようになれば、今度は介護事業者や従事者にしわ寄せがいく。介護事業所は次々と赤字となり、要介護者を選ばないと、もうやっていけない。「サービスを選べる自由」という理念は崩れます。たくさんの介護従事者は、あまりにも給料の低さに次々と退職していきます。ましてや、三〇〇万円くらいの平均年収なのですが、実際には契約労働が大量に普及しているので、そういった人たちは、もうとてもそういった水準にはいきません。それも、月収一〇万円くらいのレベルでやっている人たちも大量にいて、そういう若い人たちが、大量に来ては辞めて行くということになります。そういう悪循環に介護制度は陥っているということになります。さらに在宅医療の充実という政策とも辻つまが合わなくなります。

さきほど述べた療養病床の廃止の影響で、在宅医療に移っても在宅介護がほとんど機能していなくては、二四時間の医療なんてできるわけがありません。優秀な在宅医が自ら介護サービスを運営しているケースを除くと、医療と介護の連携がうまくいっている事例はあまりみられません。受け皿がないまま病院を追い出す政策があって、他方で、在宅酸素をやったり、痰を吸引したり、経管栄養をやっている人は、看護師や家族はできても、介護士はできません。最近になって、ようやくそれが認められるようになっても、訓練システムもなく、介護事業者がリスクのある行為を回避しようとするので、なかなか普及しません。そこで、介護施設に入ろうとすると、夜間、認知症の人がいて、もしものときは事故になります。事故が嫌だから、介護施設は人員が配置できないと断ります。病院に戻ろうと、病院に行ったら行ったで、日数が過ぎるともう出て行ってくれと言われます。この繰り返しで、介護と医療の狭間のなかで、医療難民、介護難民が生み出されていくのです。

結局のところ、介護の社会化という理念も投げ捨てられ、家族の負担、とりわけて女性の負担を軽減するという政策は逆回転を始めて、いまや家族にその負担を押しつける政策が次々と進んでいるのです。

4　どうするべきか

もう、時間がなくなるので、最後に、私が申し上げたいのは、構造改革という政策は、けっして人権侵害の問題、格差の拡大という問題を引き起こすという批判だけでは十分ではありません。小泉構造改革は、その政策の基本的な考え方から破綻をして、失敗を繰り返しているのです。

その転換を図らなければ、日本経済もやがて立ち行かなくなります。「イザナギ越え」というキャンペーンのなかで進んでいる貧困問題、雇用や年金制度の破壊、さらに、命や健康を守る医療や介護の破壊まで及ぶ事態は、生きている人間たちの立場を切り捨てたうえに、経済を破綻に導こうとしているのです。そのイデオロギーの本質を象徴しているのは、ひたすら歳出削減と経費削減の目標だけが追求されて、本来の医療や介護、命や健康をどのように守って行くのかという指標が、政策の指標としてどこにもない点です。地域の医療や介護のニーズを指標化するといっても、県レベルにおいて、人口に対してどれくらいの医者がいるのかといったデータに基づいて施設や人員を配置するといったものです。本当の意味での医療ニーズやあるいは健康ニーズというものが反映されていません。

そういうものを地域の末端から積み上げながら、地域でどのような医療や介護のシステムを作っていくのかということを、やっていかなければなりません。ただ批判しているだけでは、もう地域の現状を守れない状態になってきています。

では、個別の努力でカバーできるかと言えば、それももう限界に来ています。年金は、所得比例税にもとづく一元化とミニマム年金の導入が必要です。雇用は、労働者派遣法を元に戻すか、少なくとも登録派遣は禁止すべきです。と同時に、生活保護を受けやすくするか、職業訓練のための生活費支給制度を作る必要があります。医療は、自治体の中核病院・救急医療体制を維持するよう予算を重点的に割り振らないといけません。また、入院短縮政策を改めるとともに、在宅医の育成とネットワーク作り、そして在宅介護を充実するようにしなければなりません。そのためには、予算の組み換え（たとえば道路特定財源の廃止）や所得再配分的課税の強化も必要となります。しかし、国の政策はなかなか変わりません。そういうジレンマの中でも努力せざるをえないのです。介護や医療のリスクを抱えた人が、医療や介護のサイドからきちんと掌握されながら、地域全体で保障をしたり医療と介護のネットワークを構築することによって、なるだけ寝たきりにならない、なるだけ病気にならない、そういう予防の次元で多くの住民の協力と住民の働きがあって、そういうことが可能になっていく領域もあるだろうと思います。

もちろん、そこには医師や看護師などの専門的な人たちの力が必要だし、そういう核になる人たちがいなければ、最終的には上手くいかないということが現実なのですが。そういう分野で、ぜひとも地域でこれからやっていかないといけません。さきほど言ったように、どうしようもない構造改革の顛末のなかで、世界の経済が非常に不安定化していきますので、いまのままセーフティネットの破壊状況を放置しておけば、見るも無残な、悲惨な事例だけが溢れていくことになってしまうでしょう。そして、この間起きている事態を正確に掴んで、どうにかして反転させる動きを地域から作っていくようにしなければ、その地域自体が、地域として存続することが難しくなってしまうでしょう。そういう時代なのだということを強調して、ぜひともみなさんの力と、それからみなさんの持っている能力を最大限活かしていただくようにお願いして、今日の話を一旦止めさせていただきたいと思います。どうもご清聴ありがとうございました。

〈フロアからの質問に答えて〉

今日説明を省きましたけれども、七五歳以上の後期高齢者だけを国民健康保険のなかから切り離して、新しく後期高齢者（長寿）医療制度というのが発足いたします。説明会に、二〇数人しか来なかったらしいですが、このなかでも多分知らない人がいると思います。これは、国民健康保険制度の破綻状況を取繕う「改革」で問題点も非常に多い。

さきほど言ったように、もともと国民健康保険は自営業者と農業者のための保険でした。例えば、一九八〇年代の半ばに、農林水産業者が一三・五％、自営業者が三〇％でした。六〇年代だと両者で七割くらいを占めていました。それが、いまや両者合わせても一八〜一九％しかない。そのかわりに、一九八〇年代半ばで無職者が二三・七％から二〇〇五年には五四％に増えます。そのうちの八八％は、六〇歳以上の高齢者です。つまり、健康保険は制度が分立していて、中でも国民健康保険は、高齢者や、いわゆる被用者でも不安定就業層だけが集まっていて、保険としてはもたなくなっています。国保に矛盾が集中する仕組みとなっていることが問題の本質です。本質的な解決案は、保険を全部一元化する。すなわち、組合健保や公務員や教員の入っている共済組合、そして国民健康保険も全部一元化しなければいけません。

一九八〇年代から高齢化が進むのはわかっていましたが、結局、各組合が条件が不利になるということで、共済組合も組合健保も統合にずっと反対をしてきました。その間にも、国民健保に共済組合や組合健保から退職者がどんどん入ってきました。そこで、退職者医療制度や老人保険制度というのを作って、各保険から拠出して、また老人保険制度では税を国と地方で取り込んで、老人医療費の国保負担を軽減することで取りあえずしのごうとしてきました。六〇歳から六四歳までとそれ以上とを分けて、六四歳までは各保険の拠出でまかなう退職者医療制度に入れる。それより上のお年寄りには老人保健制度を適用してきた。しかし、高齢化が進めば、これらの制度もやがてもたなくなります。もう保険財政がもたないというので、退職者医療制度と老人保健制度を止めて、七五歳以上に限って、新高齢者医療制度というのを作ることにしたわけです。ここでも各保険から拠出をさせて税を入れる仕組みをとります。つまり、一番リスクの高い人だけを別制度で閉じ込めてしまおうというわけです。そうすれば、残りの国民健康保険の負担はある程度軽くなるので自治体は困らないだろうという制度です。でも、これだけではもちません。まず、保険料を年金から天引きで、七五歳以上の人から取る。しかも、それまで扶養家族になっていた七五歳以上の人からも保険料を取ります。例えば、基礎年金が全部払ってなくて無年金に近い、あるいは三万とか四万しかもらっていないという人でも、保険料を払わせるから未納・滞納が少なくなるのか、疑問です。普通徴収も相当数いるのでたぶん駄目でしょう。

そもそも、制度として無理があります。現役世代の保険料を上げないなら、公費か後期高齢者の保険料を上げざるをえないからです。

結局のところ医療を受けさせないような制度を、介護を受けさせないような制度を強めて、医療費を抑制していくのだろうと思います。実際、高齢者の自己負担を一割から二割に上げて、一定以上所得を持っている人は自己負担を三割にして、そのうえで七五歳以上の新高齢者医療制度をやっていくのですから、低所得の高齢者ほど医療を受けられなくなっていくだろうと思います。パッチワーク、つぎはぎの「改革」です。これまで、老人医療制度や退職者医療制度を作ってもたなくなり、今度は七五歳以上の人だけを分離して、新高齢者医療制度を作って、そこで何とかもたそうとする。ところが、七五歳以上の人が扶養家族も年金天引きなのですよという話を聞くと、多くの人はびっくりしてしまう。

選挙をいつやるかによりますけど、「保険料」徴収を半年遅らせるとか、一年遅らせるとかやっているわけですけど、介護保険発足のときと同じです。ほとぼりがさめれば何とかなるという発想です。

それと同じように、このパッチワークが七五歳以上の新後期高齢者医療制度が壊れそうになっ

たときに、じゃあ七五歳以上の人の保険料をまた上げますとか。あるいは自己負担分を高めますとかずるずるとやって、また制度がもたなくなって、誰も信用しなくなっていくんだろうと思います。ただ、制度を発足する前にあまり余断を入れることは良くないのかもしれませんが、どう見ても、私はそういう風に思わざるを得ないということを、一応意見として言っておきます。

それから、いま、お上が頼れない状況で、どうしたら良いかというご意見ですが、答えるのは大変難しいのですけれども。その質問された方がここに来ているのも、多分同じ思いをしている人が多くいると思っているからではないでしょうか。公共的なものを復権するという問題が大事ですが、一方で、共同体とか家族とか地域とかいうものが、どんどん解体しているわけです。

例えば、救急車を呼ぶ人がいないとか、隣で餓死しているとか、病気のまま倒れているとかいう、そういう地域の状況が、じわじわじわじわ進行しているわけです。きれい事になって聞こえるかもしれないけれども、そうしたネットワークを、いまの地域のレベルでどうやって再生していくか、とにかくそういう動きを他方で作っていかないといけません。基盤が無い所で、ただ見守っていると、上から降ってくるのを待っているだけになってしまう。すると、どんどん事態は悪化するばかり、ますます無理だと主張しなければならずジリ貧です。もっとこうしてほしい、そういうために、努力をしていかなければならない。つながりをどのように形成していって、地域のなかで、高齢者や障がい者がどのように生きていけるのかということを、人のつながりからネットワークでできて、そのなかで、ある施設や病院も結びついて、一つの声が形成されていくことが必要です。そこから始めないと。国の制度改革を待っていると、おっしゃる通り、どんどん悪くなっていくだけです。こうした傾向のなかで、切り捨てられるのをただ我慢するのか、文句をいうのか。この二つの選択肢以外なくなってしまうかもしれない。そこで、もう一回公共的な領域を取り戻すためには、問題を問題として考えていくつながりが形成されていくことが不可欠です。そして、公の場で反撃していくプロセスを持っていく。地方の議会に問題が持ち込まれていく。そういう回路みたいなものを取り戻すことが必要です。ろくでもない議員ばかりなら、自分たちから選ぶ。そういう風にして能動的に動いていかないと。待っているだけだと、とんでもないことになっていく危険性があります。

私が最後に強調したいのは、「合成の誤謬」です。たとえば、山の中の段々畑で、途中で……離村があると水回りがなくなって、あるとき集落が崩壊してしまいます。あるいは商店街があります。一つ一つの店は、跡継ぎいないし面倒臭いし、もう止めようと、一軒一軒やめて行きます。借

金してやっても仕様が無いし。一人一人の行動としては、極めて合理的に振舞っています。しかし、一人一人の合理的な振る舞いを全部足し合わせると、社会全体では、まったくの非合理なことになってしまう現象を「合成の誤謬」といいます。つまり、一人一人が中山間地の山のなかで農業やめて出て行くのは、個人的には合理的な行動かもしれないけれども、あるところで、集落全体の水回りがなくなって農業が崩壊してしまう、という社会的非合理が起こる。商店街でも、一人一人がやめていくのは合理的です。

しかし、やめてしまえば商店街全体では客が来なくなります。客が来なくなれば、品物の回転率が悪くなって古くなり、ますます客が来なくある。一つ一つとお店をやめていくと、ある臨界点を超えると商店街全体が崩壊するわけです。医者の行動も、医師が少ないなかで頑張っている伝統があるのですれども、一人辞めて二人辞めていくと、他の人が、当直や手術がだんだん増えていって、もたなくなります。私たちが気をつけなければいけないのは、こういう「合成の誤謬」にはまったときに地域が崩壊する、ということだと思うのです。一人一人は合理的に振舞っているのだけれども、気がついたら地域が沈んでいる。そうすると、自分の合理性だけを信じて生きていると、結果として、ゴーストタウンに住まなければいけないということになって地域全体が崩壊してしまうのです。

つまり、自己の利益だけを追及した結果、社会全体が非合理な結果に帰結するという最悪な事態をどう食い止めるのか、といった問題意識を持つことが大事なのです。問題意識を持った人が、少なくともこの会場に二〇〇人以上が存在していることは確かです。そして、一つ一つの講座や色々なものに参加する人はもっと多くいます。

重要なのは、問題意識がある人たちがつながりを持つことです。そこから、大きなことはできないかもしれないけれども、声を挙げながら一つ一つの成果や実践をしていくことによって、それを政治の場に反映させていくように努力をしていくことです。それ以外には、残念ながら近道はありません。遠い回り道なのかもしれないけれども、そういう努力を積み重ねていくようにしないと、いまの危機的な状態は食い止められないと思います。

おっしゃる通りに、国はもう危ないし、政党政治も瓦解し始めて、残念だけれども、政治や社会運動も先細りになって、国民の声も聞こえない。そういう状態が続いている。しかし、我々は生きていかなければならないし、生活していかなければならないし、地域を成り立たせていかなければならない。そうだとすれば、政治家任せでなく、我々自身がなにかを作り出すことによって、その人たちが動かざるを得ないようにしていくこと以外には、残念ながら道はないのだと思います。

それは、とても大変な負担ですが、私は、いつもこういう話をするときに、あのキング牧師のI have a dreamという演説を思い出すのです。

六〇年代、私は中学生、高校生でした。その思春期に、ベトナム戦争があって、その演説というのはとても忘れがたい印象があります。

でもI have a dreamというとき、キング牧師は「夢」 dreamという言葉を、なぜ選んだのでしょうか。それは自分が生きている間に実現しないかもしれないと彼は思っていたからです。それになぜ私たちが感動するのでしょうか。それは、時間と空間を越える普遍的なものこそ公共的だからです。

キング牧師の演説の一節に、「このミシシッピの灼熱の地で、かつての奴隷主の息子と、奴隷の息子が同じテーブルに着く日を！」というくだりがあります。おそらくキング牧師が演説をしているときに、彼が生きている間には実現しないかもしれないと誰もが思ったかもしれません。しかし、それにもかかわらず、それに努力をするのはなぜなのでしょうか。それは、達成できないかもしれない夢を追いかけていくことを、私たちの生きていくことを支えるミッション（使命）として選んでいくことを意味しています。つまり、自分のなかに、地域や人間のなかに、社会のなかに、破壊され荒涼としている日本の風景のなかで、それを食い止めて、自分の息子や娘たちの世代にどういう社会を残していくのか、というミッションをどこかで形成できれば、私たちにとって、それは、何よりも生きる柱になります。

あと一〇年、二〇年、どれだけお金を残すか考えても仕様が無いでしょう。できれば、自分の利益を超えるところで、自分の家族でも良いです。あるいは、地域に住んでいる次の世代でも良いです。御商売をやっているのであったら、自分の跡継ぎでも良いです。そこに向かってどんなものを遺していくのか、ということを私たち自身が夢として持てるかが問われているのだと思います。

その意味で、いまこそI have a dreamで頑張っていかなければいけない時代なのではないか、と私は思っているのであります。ただ、疲れますよね、そういう生き方は。

疲れない方法を一つ教えます。私の好きな言葉です。「人生努力すれば、必ず報われることもあれば、報われないこともある」。そう考えると、楽に生きることができる（笑）。

どうもありがとうございました。

〔筆者略歴〕

金子　勝（かねこ・まさる）

一九五二年　東京都生まれ
一九七五年　東京大学経済学部卒業
一九八〇年　東京大学大学院 経済学研究科博士課程単位取得修了
一九八〇年　東京大学社会科学研究所助手
一九八四年　茨城大学人文学部講師
一九八六年　法政大学経済学部助教授
一九八八年　法政大学経済学部教授
二〇〇〇年一〇月　慶應義塾大学経済学部教授

【主な著書】

『市場と制度の政治経済学』東京大学出版会一九九七年
『反経済学―市場主義的リベラリズムの限界―』新書館 一九九九年
『セーフティーネットの政治経済学』筑摩新書 一九九九年
『反グローバリズム　市場改革の戦略的思考』岩波書店一九九九年
『市場』岩波書店 一九九九年
『「福祉政府へ」の提言』（神野直彦氏と共編） 岩波書店 一九九九年
『長期停滞』ちくま新書二〇〇二年
『経済大転換―反デフレ反バブルの政策学』ちくま新書二〇〇三年
『粉飾国家』講談社現代新書 二〇〇四年
『逆システム学』（児玉龍彦氏と共著） 岩波新書二〇〇四年
『戦後の終わり』 筑摩書房二〇〇六年
『食から立て直す旅』 岩波書店二〇〇七年
『環境エネルギー革命』 アスペクト二〇〇七年
『地域切り捨て―生きていけない現実』（高端 正幸氏と共編著） 岩波書店二〇〇八年

福島大学ブックレット『21世紀の市民講座』刊行によせて

福島大学行政政策学類の前身である行政社会学部は、教育学部と経済学部に続く第3の学部として、１９８７年10月に創設され、２００７年10月にようやく二十歳を迎えました。学問分野の既存の枠を越えて、地域社会の諸問題を解き明かそうと、人文社会科学系から理工系まで、専門分野が多岐にわたる教員スタッフが結集し、以来20年、地域社会に学び、地域に開かれた学部を目ざして、教育・研究を積み重ねてきました。１９９３年の地域政策科学研究科（修士課程）開設、２００４年4月の国立大学法人化を経て、同年10月には理工系学部をつくるための改革により、行政政策学類として再出発することになりましたが、行政社会学部の教育理念を引き継ぎ、地域とともにある学類として歩んでいく決意を新たにしているところです。

21世紀に入って、戦争・紛争の解決はもとより、地球環境問題、格差・貧困問題、差別・人権問題を始めとする地球規模の問題群が深刻化するばかりでなく、地域に目を向けても、グローバリゼーションの影響下、過疎・山村はもちろんのこと、多くの地方都市が疲弊し追いつめられつつあります。大学も同様で、国際競争力に勝ち抜く人材育成と研究開発に特化する高等教育政策の本格化によって、生き残りをかけた競争を強いられています。

しかし、ユネスコ「21世紀にむけた高等教育に関する世界宣言」（１９９８）に、高等教育の改革は学生を主要なパートナーおよび責任ある当事者とみなし、「地域社会と労働界を基礎に発展」させなければならないと謳われているように、日本の大学も、世界を見通しながら地域社会を拓く「知の再構成」を担う主体となることが求められているのではないでしょうか。

福島大学ブックレット『21世紀の市民講座』は、学部創設20周年を記念して刊行いたします。行政社会学部・行政政策学類の教員が、創設以来学生とともに培ってきた教育実践や、市民公開講座・講演会および地域活動実践の記録、調査研究の成果等を素材とするこのシリーズは、地域社会に学び、地域社会に開かれた、地域とともにある学類・研究科として、地域社会に発信するとともに、新たな協働的な知の創造の契機となることを願って企画しました。

中学・高校生から大学生・大学院生・研究者はもちろんのこと、本学部・学類の卒業生たちのように自治体職員、協同組合、公益法人など公共性のある仕事についている方々を含む、地域社会を構成する市民の皆さんに、広く活用していただくことを期待しています。

２００８年9月30日

福島大学行政政策学類長　千葉　悦子

福島大学ブックレット「21世紀の市民講座」No. 4
格差・貧困社会における市民の権利擁護

2009年5月18日　初版発行　　　　定価（本体９００円＋税）

著　者　　金子　勝
編　集　　福島大学行政社会学部（現・行政政策学類）
　　　　　創設20周年記念ブックレット編集委員会
発行人　　武内　英晴
発行所　　公人の友社
　　　　　〒112-0002 東京都文京区小石川５－２６－８
　　　　　ＴＥＬ　０３－３８１１－５７０１
　　　　　ＦＡＸ　０３－３８１１－５７９５
　　　　　Ｅメール koujin@alpha.ocn.ne.jp
　　　　　http://www.e-asu.com/koujin/

「官治・集権」から

「自治・分権」へ

市民・自治体職員・研究者のための

自治・分権テキスト

《出版図書目録》

2009.5

公人の友社

112-0002　東京都文京区小石川５－26－８
TEL　03-3811-5701
FAX　03-3811-5795
メールアドレス　koujin@alpha.ocn.ne.jp

●ご注文はお近くの書店へ

小社の本は店頭にない場合でも、注文すると取り寄せてくれます。

書店さんに「公人の友社の『○○○○』をとりよせてください」とお申し込み下さい。５日おそくとも10日以内にお手元に届きます。

●直接ご注文の場合は

電話・ＦＡＸ・メールでお申し込み下さい。（送料は実費）

TEL　03-3811-5701　FAX　03-3811-5795
メールアドレス　koujin@alpha.ocn.ne.jp

（価格は、本体表示、消費税別）

福島大学ブックレット『21世紀の市民講座』

No.1
外国人労働者と地域社会の未来
桑原靖夫・香川孝三（著）
坂本恵（編著） 900円

No.2
自治体政策研究ノート
今井 照 900円

No.3
住民による「まちづくり」の作法
今西一男 1,000円

No.4
格差・貧困社会における市民の権利擁護
金子 勝 900円

No.5
法学の考え方・学び方
イェーリングにおける「秤」と「剣」
富田 哲 900円

都市政策フォーラムブックレット
（首都大学東京・都市教養学部 都市政策コース 企画）

No.1
「新しい公共」と新たな支え合いの創造へ —多摩市の挑戦—
首都大学東京・都市政策コース
900円

No.2
景観形成とまちづくり
—「国立市」を事例として—
首都大学東京・都市政策コース
1,000円

No.3
都市の活性化とまちづくり
—「制度設計から現場まで—
首都大学東京・都市政策コース
1,000円

北海道自治研ブックレット

No.1
市民・自治体・政治
再論・人間型としての市民
松下圭一 1,200円

No.2
議会基本条例の展開
その後の栗山町議会を検証する
橋場利勝・中尾修・神原勝
1,200円

TAJIMI CITY ブックレット

No.2
転型期の自治体計画づくり
松下圭一 1,000円

No.3
これからの行政活動と財政
西尾勝 1,000円

No.4
構造改革時代の手続的公正と第2次分権改革
手続的公正の心理学から
鈴木庸夫 1,000円

No.5
自治基本条例はなぜ必要か
辻山幸宣 1,000円 ［品切れ］

No.6
自治のかたち法務のすがた
政策法務の構造と考え方
天野巡一 1,100円

No.7
自治体再構築における行政組織と職員の将来像
今井照 1,100円

No.8
持続可能な地域社会のデザイン
植田和弘 1,000円

No.9
政策財務の考え方
加藤良重 1,000円

No.10
市場化テストをいかに導入するべきか ～市民と行政
竹下譲 1,000円

No.11
市場と向き合う自治体
小西砂千夫・稲沢克祐 1,000円

地域ガバナンスシステム・シリーズ
（龍谷大学地域人材・公共政策開発システム オープン・リサーチ・センター企画・編集）

No.1
地域人材を育てる自治体研修改革
土山希美枝 900円

No.2
公共政策教育と認証評価システム—日米の現状と課題—
坂本勝 編著 1,100円

No.3
暮らしに根ざした心地良いまち
野呂昭彦・逢坂誠二・関原剛・吉本哲郎・白石克孝・堀尾正靱
1,100円

No.4
持続可能な都市自治体づくりのためのガイドブック
「オルボー憲章」「オルボー誓約」
翻訳所収
1,100円

No.5
英国における地域戦略パートナーシップの挑戦
白石克彦編・的場信敬監訳 900円

No.6
マーケットと地域をつなぐパートナーシップ
協会という連帯のしくみ
白石克彦編・園田正彦著　1,000円

No.7
政府・地方自治体と市民社会の戦略的連携
—英国コンパクトにみる先駆性—
的場信敬編著　1,000円

No.8
財政縮小時代の人材戦略
多治見モデル
大矢野修編著　1,400円

No.10
行政学修士教育と人材育成
—米中の現状と課題—
坂本勝著　1,100円

No.11
アメリカ公共政策大学院の認証評価システムと評価基準
—NASPAA のアクレディテーションの検証を通して—
早田幸政　1,200円

地方自治土曜講座ブックレット

No.2
自治体の政策研究
森啓　600円

No.22
地方分権推進委員会勧告とこれからの地方自治
西尾勝　500円

No.34
政策立案過程への「戦略計画」
少子高齢社会と自治体の福祉法務
加藤良重　400円

No.42
改革の主体は現場にあり
山田孝夫　900円

No.43
自治と分権の政治学
鳴海正泰　1,100円

No.44
公共政策と住民参加
宮本憲一　1,100円

No.45
農業を基軸としたまちづくり
小林康雄　800円

No.46
これからの北海道農業とまちづくり
篠田久雄　800円

No.47
自治の中に自治を求めて
佐藤守　1,000円

No.48
介護保険は何を変えるのか
池田省三　1,100円

No.49
介護保険と広域連合
大西幸雄　1,000円

No.50
自治体職員の政策水準
森啓　1,100円

No.51
分権型社会と条例づくり
篠原一　1,000円

No.52
自治体における政策評価の課題
佐藤克廣　1,000円

No.53
小さな町の議員と自治体
室崎正之　900円

No.54
改正地方自治法とアカウンタビリティ
鈴木庸夫　1,200円

No.56
財政運営と公会計制度
宮脇淳　1,100円

No.59
環境自治体とＩＳＯ
畠山武道　700円

No.60
転型期自治体の発想と手法
松下圭一　900円

No.61
分権の可能性
スコットランドと北海道
山口二郎　600円

No.62
機能重視型政策の分析過程と財務情報
宮脇淳　800円

No.63
自治体の広域連携
佐藤克廣　900円

No.64
分権時代における地域経営
見野全　700円

No.65
町村合併は住民自治の区域の変更である。
森啓　800円

No.66
自治体学のすすめ
田村明　900円

No.67
市民・行政・議会のパートナーシップを目指して
松山哲男　700円

No.69
新地方自治法と自治体の自立
井川博　900円

No.70
分権型社会の地方財政
神野直彦　1,000円

No.71
自然と共生した町づくり
宮崎県・綾町
森山喜代香　700円

No.72
情報共有と自治体改革
ニセコ町からの報告
片山健也　1,000円

No.73
地域民主主義の活性化と自治体改革
山口二郎　600円

No.74
分権は市民への権限委譲
上原公子　1,000円

No.75
今、なぜ合併か
瀬戸亀男　800円

No.76
市町村合併をめぐる状況分析
小西砂千夫　800円

No.78
ポスト公共事業社会と自治体政策
五十嵐敬喜　800円

No.80
自治体人事政策の改革
森啓　800円

No.82
地域通貨と地域自治
西部忠　900円

No.83
北海道経済の戦略と戦術
宮脇淳　800円

No.84
地域おこしを考える視点
矢作弘　700円

No.87
北海道行政基本条例論
神原勝　1,100円

No.90
「協働」の思想と体制
森啓　800円

No.91
協働のまちづくり
三鷹市の様々な取組みから
秋元政三　700円

No.92
シビル・ミニマム再考
ベンチマークとマニフェスト
松下圭一　900円

No.93
市町村合併の財政論
高木健二　800円

No.95
市町村行政改革の方向性
～ガバナンスとNPMのあいだ
佐藤克廣　800円

No.96
創造都市と日本社会の再生
佐々木雅幸　800円

No.97
地方政治の活性化と地域政策
山口二郎　800円

No.98
多治見市の政策策定と政策実行
西寺雅也　800円

No.99
自治体の政策形成力
森啓　700円

No.100
自治体再構築の市民戦略
松下圭一　900円

No.101
維持可能な社会と自治
～『公害』から『地球環境』へ
宮本憲一　900円

No.102
道州制の論点と北海道
佐藤克廣　1,000円

No.103
自治体基本条例の理論と方法
神原勝　1,100円

No.104
働き方で地域を変える
～フィンランド福祉国家の取り組み
山田眞知子　800円

No.107
公共をめぐる攻防
～市民的公共性を考える
樽見弘紀　600円

No.108
三位一体改革と自治体財政
岡本全勝・山本邦彦・北良治・逢坂誠二・川村喜芳　1,000円

No.109
連合自治の可能性を求めて
サマーセミナーin奈井江
松岡市郎・堀則文・三本英司・佐藤克廣・砂川敏文・北良治　他
1,000円

No.110
「市町村合併」の次は「道州制」か
高橋彦芳・北良治・脇紀美夫・碓井直樹・森啓　1,000円

No.111
コミュニティビジネスと建設帰農
松本懿・佐藤吉彦・橋場利夫・山北博明・飯野政一・神原勝
1,000円

No.112
「小さな政府」論とはなにか
牧野富夫　700円

No.113
栗山町発・議会基本条例
橋場利勝・神原勝　1,200円

No.114
北海道の先進事例に学ぶ
宮谷内留雄・安斎保・見野全・佐藤克廣・神原勝　1,000円

No.115
地方分権改革のみちすじ
―自由度の拡大と所掌事務の拡大―
西尾勝　1,200円

地方自治ジャーナル ブックレット

No.3
使い捨ての熱帯林
熱帯雨林保護法律家リーグ　971円

No.4
自治体職員世直し志士論
村瀬誠　971円

No.8
市民的公共性と自治
今井照　1,166円［品切れ］

No.9
ボランティアを始める前に
佐野章二　777円

No.10
自治体職員の能力
自治体職員能力研究会　971円

No.11
パブリックアートは幸せか
山岡義典　1,166円

No.12
市民がになう自治体公務
パートタイム公務員論研究会
1,359円

No.13
行政改革を考える
山梨学院大学行政研究センター
1,166円

No.14
上流文化圏からの挑戦
山梨学院大学行政研究センター
1,166円

No.15
市民自治と直接民主制
高寄昇三　951円

No.16
議会と議員立法
上田章・五十嵐敬喜　1,600円

No.17
分権段階の自治体と政策法務
松下圭一他　1,456円

No.18
地方分権と補助金改革
高寄昇三　1,200円

No.19
分権化時代の広域行政
山梨学院大学行政研究センター
1,200円

No.20
あなたのまちの学級編成と地方分権
田嶋義介　1,200円

No.21
自治体も倒産する
加藤良重　1,000円

No.22
ボランティア活動の進展と自治体の役割
山梨学院大学行政研究センター
1,200円

No.23
新版・2時間で学べる「介護保険」
加藤良重　800円

No.24
男女平等社会の実現と自治体の役割
山梨学院大学行政研究センター
1,200円

No.25
市民がつくる東京の環境・公害条例
市民案をつくる会　1,000円

No.26
東京都の「外形標準課税」はなぜ正当なのか
青木宗明・神田誠司　1,000円

No.27
少子高齢化社会における福祉のあり方
山梨学院大学行政研究センター
1,200円

No.28
財政再建団体
橋本行史　1,000円［品切れ］

No.29
交付税の解体と再編成
高寄昇三　1,000円

No.30
町村議会の活性化
山梨学院大学行政研究センター
1,200円

No.31
地方分権と法定外税
外川伸一　800円

No.32
東京都銀行税判決と課税自主権
高寄昇三　1,000円

No.33
都市型社会と防衛論争
松下圭一　900円

No.34
中心市街地の活性化に向けて
山梨学院大学行政研究センター
1,200円

No.35
自治体企業会計導入の戦略
高寄昇三　1,100円

No.36
行政基本条例の理論と実際
神原勝・佐藤克廣・辻道雅宣
1,100円

No.37
市民文化と自治体文化戦略
松下圭一　800円

No.38
まちづくりの新たな潮流
山梨学院大学行政研究センター
1,200円

No.39
ディスカッション・三重の改革
中村征之・大森彌　1,200円

No.40
政務調査費
宮沢昭夫　1,200円

No.41
市民自治の制度開発の課題
山梨学院大学行政研究センター
1,100円

No.42
《改訂版》自治体破たん・「夕張ショック」の本質
橋本行史　1,200円

No.43
分権改革と政治改革
～自分史として
西尾勝　1,200円

No.44
自治体人材育成の着眼点
浦野秀一・井澤壽美子・野田邦弘・西村浩・三関浩司・杉谷知也・坂口正治・田中富雄　1,200円

No.45
障害年金と人権
—代替的紛争解決制度と大学・
専門集団の役割—
橋本宏子・森田明・湯浅和恵・池原毅和・青木久馬・澤静子・佐々木久美子　1,400円

No.46
地方財政健全化法で財政破綻は阻止できるか
夕張・篠山市の財政運営責任を追及する
高寄昇三　1,200円

No.47
地方政府と政策法務
市民・自治体職員のための基本テキスト
加藤良重　1,200円

No.48
政策財務と地方政府
市民・自治体職員のための基本テキスト
加藤良重　1,400円

No.49
政令指定都市がめざすもの
高寄昇三　1,400円

朝日カルチャーセンター 地方自治講座ブックレット

No.1
自治体経営と政策評価
山本清　1,000円

No.2
ガバメント・ガバナンスと行政評価システム
星野芳昭　1,000円

No.4
政策法務は地方自治の柱づくり
辻山幸宣　1,000円

No.5
政策法務がゆく
北村喜宣　1,000円

政策・法務基礎シリーズ
—東京都市町村職員研修所編

No.1
これだけは知っておきたい自治立法の基礎
600円

No.2
これだけは知っておきたい政策法務の基礎
800円

シリーズ「生存科学」
（東京農工大学生存科学研究拠点　企画・編集）

No.2
再生可能エネルギーで地域がかがやく
—地産地消型エネルギー技術—
秋澤淳・長坂研・堀尾正靭・小林久
1,100円

No.4
地域の生存と社会的企業
—イギリスと日本との比較をとおして—
柏雅之・白石克孝・重藤さわ子
1,200円

No.5
地域の生存と農業知財
澁澤栄・福井隆・正林真之
1,000円

No.6
風の人・土の人
—地域の生存とNPO—
千賀裕太郎・白石克孝・柏雅之・福井隆・飯島博・曽根原久司・関原剛
1,400円

自治体再構築

松下圭一（法政大学名誉教授）　定価 2,800 円

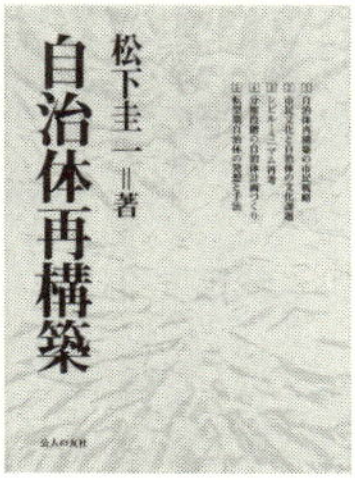

●官治・集権から自治・分権への転型期にたつ日本は、政治・経済・文化そして軍事の分権化・国際化という今日の普遍課題を解決しないかぎり、閉鎖性をもった中進国状況のまま、財政破綻、さらに「高齢化」「人口減」とあいまって、自治・分権を成熟させる開放型の先進国状況に飛躍できず、衰退していくであろう。
●この転型期における「自治体改革」としての〈自治体再構築〉をめぐる 2000 年～ 2004 年までの講演ブックレットの 総集版。

1　自治体再構築の市民戦略
2　市民文化と自治体の文化戦略
3　シビル・ミニマム再考
4　分権段階の自治体計画づくり
5　転型期自治体の発想と手法

社会教育の終焉［新版］

松下圭一（法政大学名誉教授）　定価 2,625 円

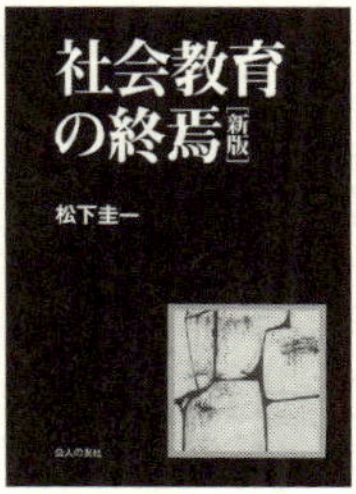

●86年の出版時に社会教育関係者に厳しい衝撃を与えた幻の名著の復刻・新版。
●日本の市民には、〈市民自治〉を起点に分権化・国際化をめぐり、政治・行政、経済・財政ついで文化・理論を官治・集権型から自治・分権型への再構築をなしえるか、が今日あらためて問われている。

序章　日本型教育発想
Ⅰ　公民館をどう考えるか
Ⅱ　社会教育行政の位置
Ⅲ　社会教育行政の問題性
Ⅳ　自由な市民文化活動
終章　市民文化の形成　　あとがき　　新版付記

増補 自治・議会基本条例論 自治体運営の先端を拓く

神原　勝（北海学園大学教授・北海道大学名誉教授）　定価 2,625 円

生ける基本条例で「自律自治体」を創る。その理論と方法を詳細に説き明かす。7 年の試行を経て、いま自治体基本条例は第 2 ステージに進化。めざす理想型、総合自治基本条例＝基本条例＋関連条例

プロローグ
Ⅰ　自治の経験と基本条例の展望
Ⅱ　自治基本条例の理論と方法
Ⅲ　議会基本条例の意義と展望
エピローグ
条例集
1　ニセコ町まちづくり基本条例
2　多治見市市政基本条例
3　栗山町議会基本条例

自律自治体の形成　すべては財政危機との闘いからはじまった

西寺雅也（前・岐阜県多治見市長）　四六判・282 頁　定価 2,730 円

ISBN978-4-87555-530-8 C3030

多治見市が作り上げたシステムは、おそらく完結性という点からいえば他に類のないシステムである、と自負している。そのシステムの全貌をこの本から読み取っていただければ、幸いである。
（「あとがき」より）

Ⅰ　すべては財政危機との闘いからはじまった
Ⅱ　市政改革の土台としての情報公開・市民参加・政策開発
Ⅲ　総合計画（政策）主導による行政経営
Ⅳ　行政改革から「行政の改革」へ
Ⅴ　人事制度改革
Ⅵ　市政基本条例
終章　自立・自律した地方政府をめざして
資料・多治見市市政基本条例

フィンランドを世界一に導いた 100 の社会政策

フィンランドのソーシャル・イノベーション

イルッカ・タイパレ - 編著　山田眞知子 - 訳者

A5 判 ・306 頁　定価 2,940 円　ISBN978-4-87555-531-5 C3030

フィンランドの強い競争力と高い生活水準は、個人の努力と自己開発を動機づけ、同時に公的な支援も提供する、北欧型福祉社会に基づいています。民主主義、人権に対する敬意、憲法国家の原則と優れた政治が社会の堅固な基盤です。

・・・・この本の100余りの論文は、多様でかつ興味深いソーシャルイノベーションを紹介しています。・・フィンランド社会とそのあり方を照らし出しているので、私は、読者の方がこの本から、どこにおいても応用できるようなアイディアを見つけられると信じます。
（刊行によせて - フィンランド共和国大統領　タルヤ・ハロネン）

公共経営入門 ―公共領域のマネジメントとガバナンス

トニー・ボベール／エルク・ラフラー - 編著　みえガバナンス研究会 - 翻訳

A5 判 ・250 頁　定価 2,625 円　ISBN978-4-87555-533-9 C3030

本書は、大きく３部で構成されている。まず第１部では、ＮＰＭといわれる第一世代の行革から、多様な主体のネットワークによるガバナンスまで、行政改革の国際的な潮流について概観している。第２部では、行政分野のマネジメントについて考察している。………本書では、行政と企業との違いを踏まえた上で、民間企業で発展した戦略経営やマーケティングをどう行政経営に応用したらよいのかを述べている。第３部では、最近盛んになった公共領域についてのガバナンス論についてくわしく解説した上で、ガバナンスを重視する立場からは地域社会や市民とどう関わっていったらよいのかなどについて述べている。　（「訳者まえがき」より）

「自治体憲法」創出の地平と課題

―上越市における自治基本条例の制定事例を中心に―

石平春彦（新潟県・上越市議会議員）　A５判・208頁　定価2,100円

ISBN978-4-87555-542-1 C3030

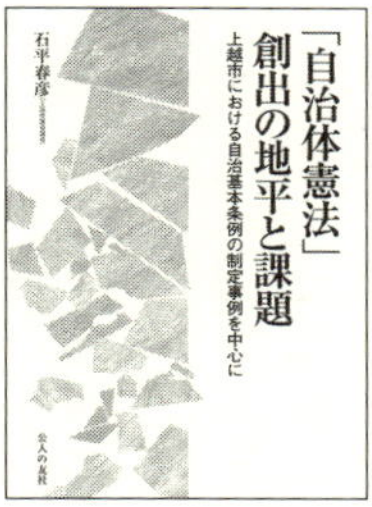

「上越市基本条例」の制定過程で、何が問題になりそれをどのように解決してきたのか。ひとつひとつの課題を丁寧に整理し記録。

現在「自治基本条例」制定に取り組んでいる方々はもちろん、これから取り組もうとしている方々のための必読・必携の書。

はじめに

Ⅰ　全国の自治基本条例制定の動向

Ⅱ　上越市における自治基本条例の制定過程

Ⅲ　上越市における前史＝先行制度導入の取組

Ⅳ　上越市自治基本条例の理念と特徴

Ⅴ　市民自治のさらなる深化と拡充に向けて

自治体政府の福祉政策

加藤　良重著　A5判・238頁　定価2,625円　ISBN978-4-87555-541-4 C3030

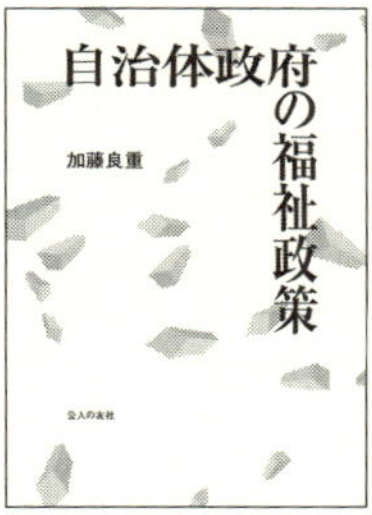

本書では、政府としての自治体（自治体政府）の位置・役割を確認し、福祉をめぐる環境の変化を整理し、政策・計画と法務・財務の意義をあきらかにして、自治体とくに基礎自治体の福祉政策・制度とこれに関連する国の政策・制度についてできるかぎり解りやすくのべ、問題点・課題の指摘と改革の提起もおこなった。

第１章　自治体政府と福祉環境の変化　第２章　自治体計画と福祉政策
第３章　高齢者福祉政策　第４章　子ども家庭福祉政策
第５章　障害者福祉政策　第６章　生活困窮者福祉政策
第７章　保健医療政策　第８章　福祉の担い手
第９章　福祉教育と福祉文化　＜資料編＞

鴎外は何故袴をはいて死んだのか

志田　信男著　四六判・250頁　定価2,625円　ISBN978-4-87555-540-7 C0020

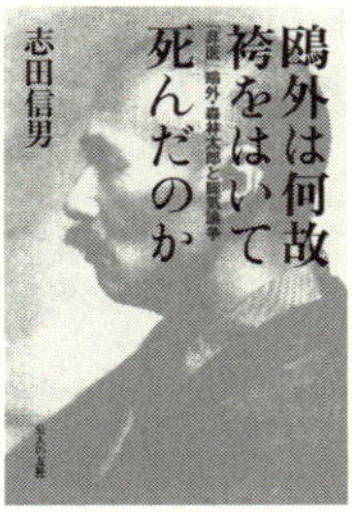

「医」は「医学」に優先し、「患者を救わん」（養生訓）ことを第一義とするテクネー（技術）なのである！

陸軍軍医中枢部の権力的エリート軍医**「鴎外」**は「脚気病原菌説」に固執して、日清・日露戦役で３万数千人の脚気による戦病死者を出してしまう！

そして手の込んだ謎の遺書を残し、袴をはいたまま死んだ。何故か！？

その遺書と行為に込められたメッセージを今解明する。

大正地方財政史・上下巻

高寄昇三（甲南大学名誉教授）　Ａ５判・上 282 頁、下 222 頁　各定価 5,250 円

（上）ISBN978-4-87555-530-8 C3030　（下）ISBN978-4-87555-530-8 C3030

大正期の地方財政は、大正デモクラシーのうねりに呼応して、中央統制の厚い壁を打ち崩す。義務教育費国庫負担制の創設、地方税制限法の大幅緩和、政府資金の地方還元など、地方財源・資金の獲得に成功する。しかし、地租委譲の挫折、土地増価税の失敗、大蔵省預金部改革の空転など、多くが未完の改革として、残された。政党政治のもとで、大正期の地方自治体は、どう地域開発、都市計画、社会事業に対応していったか、また、関東大震災復興は、地方財政からみてどう評価すべきかを論及する。

（上巻）1 大正デモクラシーと地方財政　2 地方税改革と税源委譲
　3 教育国庫負担金と町村財政救済　4 地方債資金と地方還元
（下巻）1 地方財政運営と改革課題　2 府県町村財政と地域再生
　3 都市財政運用と政策課題

私たちの世界遺産 1　持続可能な美しい地域づくり

世界遺産フォーラム in 高野山

五十嵐敬喜・アレックス・カー・西村幸夫　編著

A5 判・306 頁　定価 2,940 円　ISBN978-4-87555-512--4 C0036

世界遺産は、世界中の多くの人が「価値」があると認めたという一点で、それぞれの町づくりの大きな目標になるのである。それでは世界遺産は実際どうなっているのか。これを今までのように「文化庁」や「担当者」の側からではなく、国民の側から点検したい。
　本書は、こういう意図から 2007 年 1 月に世界遺産の町「高野山」で開かれた市民シンポジウムの記録である。　（「はじめに」より）

何故、今「世界遺産」なのか　五十嵐敬喜
美しい日本の残像　world heritage としての高野山　アレックス·カー
世界遺産検証　世界遺産の意味と今後の発展方向　西村幸夫

私たちの世界遺産 2　地域価値の普遍性とは

世界遺産フォーラム in 福山

五十嵐敬喜・西村幸夫　編著

A5 判・250 頁　定価 2,625 円　ISBN978-4-87555-533-9 C3030

　本書は、大きく３部で構成されている。まず第１部では、ＮＰＭといわれる第一世代の行革から、多様な主体のネットワークによるガバナンスまで、行政改革の国際的な潮流について概観している。第２部では、行政分野のマネジメントについて考察している。………本書では、行政と企業との違いを踏まえた上で、民間企業で発展した戦略経営やマーケティングをどう行政経営に応用したらよいのかを述べている。第３部では、最近盛んになった公共領域についてのガバナンス論についてくわしく解説した上で、ガバナンスを重視する立場からは地域社会や市民とどう関わっていったらよいのかなどについて述べている。　（「訳者まえがき」より）